SANTA PROTEÍNA

INSTITUTO PHORTE EDUCAÇÃO
PHORTE EDITORA

Diretor-Presidente
Fabio Mazzonetto

Diretora Financeira
Vânia M. V. Mazzonetto

Editor-Executivo
Fabio Mazzonetto

Diretora Administrativa
Elizabeth Toscanelli

CONSELHO EDITORIAL

Educação Física
Francisco Navarro
José Irineu Gorla
Paulo Roberto de Oliveira
Reury Frank Bacurau
Roberto Simão
Sandra Matsudo

Educação
Marcos Neira
Neli Garcia

Fisioterapia
Paulo Valle

Nutrição
Vanessa Coutinho

RODOLFO PERES E FLÁVIA ZONARO

SANTA PROTEÍNA

RECEITAS NUTRITIVAS QUE PODEM MUDAR SUA VIDA

Phorte editora

São Paulo, 2014

Santa proteína: receitas nutritivas que podem mudar sua vida
Copyright © 2014 by Phorte Editora

Rua Treze de Maio, 596
Bela Vista – São Paulo – SP
CEP: 01327-000
Tel./fax: (11) 3141-1033
Site: www.phorte.com.br
E-mail: phorte@phorte.com.br

Nenhuma parte deste livro pode ser reproduzida ou transmitida de qualquer forma, sem autorização prévia por escrito da Phorte Editora Ltda.

CIP-BRASIL. CATALOGAÇÃO-NA-FONTE
SINDICATO NACIONAL DOS EDITORES DE LIVROS, RJ

P51v

Peres, Rodolfo
    Santa proteína : receitas nutritivas que podem mudar sua vida / Rodolfo Peres, Flávia Zonaro. - 1. ed. - São Paulo : Phorte, 2014.
    184 p. : il. ; 24 cm.

    ISBN 978-85-7655-524-7

    1. Nutrição. 2. Saúde - Aspectos nutricionais. 3. Hábitos alimentares. 4. Qualidade de vida. I. Zonaro, Flávia. II. Título.

14-16945   CDD: 613.2
                 CDU: 613.2

---

ph2352.1

Este livro foi avaliado e aprovado pelo Conselho Editorial da Phorte Editora.
(www.phorte.com.br/conselho_editorial.php)

Impresso no Brasil
Printed in Brazil

À minha irmã Francine, que hoje trabalha diariamente ao meu lado. Além de sua capacidade imensurável como administradora e jornalista, sua presença me dá a força e tranquilidade que eu preciso para exercer minha profissão. Quando éramos crianças já falávamos que um dia trabalharíamos juntos. Só não esperava que ela abriria mão dos seus sonhos para me ajudar com os meus. Francine representa uma inestimável contribuição para esse material, tanto na correção gramatical quanto em nos guiar com toda a estrutura do livro.

Flávia, quando vejo que meu trabalho pode proporcionar uma mudança tão positiva não somente no físico, mas em toda a vida de alguém, já valem a pena todos os esforços para me tornar nutricionista. Não digo os esforços de cursar uma faculdade, mas de mostrar à população o grande papel do nutricionista na sociedade. Por pacientes como você continuo lutando e quebrando conceitos, tabus e mitos inadequados, que impedem outras pessoas na situação em que você estava de atingirem seus objetivos. Obrigado por tornar minha profissão tão especial!

■ ■ ■ *Rodolfo Peres*

A Antônio Maria Júnior, anjo amigo, que pronunciou as palavras certas nos momentos necessários. Sua força e ânimo são contagiantes. Obrigada por me mostrar um novo caminho e tornar possível essa mudança! Obrigada por me ajudar a superar os instantes de fraqueza e exaltar os momentos de vitória. Sempre presente, grande incentivador, é parte integrante deste livro.

Aos meus pais, pelo amor incondicional, por estarem sempre presentes, cada um ao seu modo, e, principalmente, por serem incansáveis em me apoiar e dar forças para que eu vença meus desafios.

Rodolfo Peres, fica difícil agradecer com simples palavras seu apoio, tamanha sua importância para mim. Todo esse processo foi uma mudança imensurável, consegui novamente me encontrar na saúde, na profissão e na vida. Não encontro palavras para agradecer, mas obrigada!

■ ■ ■ *Flávia Zonaro*

APRESENTAÇÃO

Muita gente pode não acreditar, mas o meu emagrecimento é um milagre! Não, eu não fiz nenhuma promessa e nem acho que as coisas caiam do céu, sem esforço. Quando digo milagre, penso no sentido original da palavra. Milagre vem do latim *miraculum*, "que causa admiração", do verbo *mirare*, "maravilhar-se". Modéstia à parte, quando olho para o espelho, não canso de admirar e ficar maravilhada com a minha transformação.

Para chegar até aqui percorri um longo caminho. Vivo em dieta desde abril de 2012 e nem penso em parar. Demorou, mas eu entendi que as dietas que prometem resultados rápidos, com data para começar e terminar, sempre acabam em *pizza*. Foram anos ignorando o meu tamanho. Dizia para os outros que não me importava com o corpo que eu tinha, que estética não era importante e que nenhum regime daria certo porque eu simplesmente gostava de comer... muito! E mesmo com toda essa "autoconfiança", algumas vezes pensava em perder peso, afinal, saúde é importante, mas nunca passava da segunda-feira.

Sou uma pessoa determinada. Na adolescência, meu sonho era fazer Medicina. Estudei bastante e consegui passar no vestibular. Tudo bem que eu acabei desistindo do curso, mas vá lá, com 17 anos é difícil ter certeza do que a gente quer fazer pelo resto da vida. Nessa época, foi tanta ansiedade que acabei engordando 40 kg! Em pouco mais de um ano consegui emagrecer, fazendo muito aeróbico na academia e sem mudar minha alimentação. Essa fase coincidiu com o início de minha nova escolha profissional: fazer Direito e conseguir um emprego estável por meio de concurso público.

Aí a balança começou a disparar de novo. O problema é simples, matemático: horas sentada, nada de academia, caminhadas leves só quando a consciência pesava, estresse descontado em noites de *pizza* e hambúrguer. É claro que o resultado seria muito peso extra. Sem controle, engordei tudo o que havia perdido e um pouco mais.

Comprar roupas manequim 56 era um martírio. Quando achava uma peça que me servia – em lojas *plus size*, claro – nunca gostava do que via refletido no espelho. Ultrapassei todo e qualquer limite razoável. Com 35 anos de idade e pesando 140 kg – esse foi o último peso que marquei, porque daí para frente não subia mais em balança – o desconforto era tão grande que eu nem pensava em emagrecer, precisava corrigir a minha cabeça, aprender que comida é alimento, e não fonte de felicidade. Parar de engordar passou a ser o meu objetivo. Durante um ano fazendo natação três vezes por semana, consegui manter meu peso.

Sempre gostei de atividade física, mas, com tanto peso para carregar, o máximo que eu conseguia fazer era uma aula de natação leve. Quando ganhei um pouco de condicionamento resolvi me matricular em uma academia. Estava motivada a fazer exercícios, mas tudo parecia conspirar contra. Era só aumentar um pouco a intensidade do treino que a minha imunidade baixava e eu pegava um resfriado. Eram 15 dias de molho em casa e mais um mês para voltar à academia. Fiquei nesse vai e volta por mais um ano, até que resolvi melhorar a minha alimentação. Pensando bem, acho que as coisas só começaram a mudar quando a dor de ser obesa passou a ser maior do que o prazer de comer.

Procurei inúmeros médicos, mas sempre havia indicação de remédios, cirurgia ou prescrição de dietas malucas. Foi quando eu decidi fazer dieta sozinha, cortando alimentos, pulando refeições, tudo errado. Consegui perder 10 kg, mas não estava feliz. A verdade é que eu não queria resultados rápidos. Pela primeira vez, realmente estava disposta a mudar meus hábitos. Queria pensar como gente magra, tirar o foco da comida e controlar minhas emoções. Eu precisava de ajuda!

Até que um dia encontrei o Júnior, um colega de trabalho, e percebi que ele havia emagrecido, estava com o corpo mais definido, uma mudança e tanto. Ele me contou que estava levando a sério um programa de dieta e exercícios físicos com acompanhamento médico. Seguindo o exemplo do amigo, a esposa dele, que também trabalhava comigo, disse que ia procurar um nutricionista e perguntou se eu não queria ir junto. Faltavam poucas semanas para as minhas férias e, sinceramente, começar uma dieta não estava nos meus planos. Expliquei a situação para os dois e disse que marcaria uma consulta na volta da viagem. Foi aí que o Júnior derrubou todos os meus argumentos: "Flávia, se você quer realmente mudar, não importa se vai viajar, porque essa não será a única viagem de sua vida...". Acho que nem ele sabe, mas essa frase foi determinante para o início do meu processo de emagrecimento.

Shaiene Galvão, Antônio Sérgio
e Flávia Zonaro

Viagens, trabalho, festas, tudo isso é importante, mas a saúde tinha que ser a minha prioridade. Quando liguei para marcar a consulta, imaginei que demoraria algumas semanas para conseguir um horário com o nutricionista. Qual não foi a minha surpresa quando a secretária perguntou se eu poderia ir na segunda-feira, três dias depois, porque uma paciente tinha acabado de desmarcar. Meio feliz, meio decepcionada, disse "sim".

E foi em uma segunda-feira, no dia 25 de junho de 2012, que eu conheci o Rodolfo Peres. Seu carisma e confiança despertaram em mim um entusiasmo tão grande que nem pedi para comer isso ou aquilo. Saí do consultório com um profundo desejo de mudar minha alimentação de uma vez por todas. Senti que aquela seria uma segunda-feira de verdade.

É claro que eu não imaginava chegar tão longe, perder tanto peso. Naquela época, expressões como "perder gordura", "preservar massa magra", "ganhar músculos" não faziam o menor sentido para mim. Eu só queria emagrecer um pouco e ponto. Mês a mês fui me acostumando aos novos hábitos, reorganizando minha rotina e aprendendo a saborear alimentos mais saudáveis. Acredite ou não, eu chorei ao cozinhar o primeiro peixe da minha vida!

Ah, sim, é que além de comer, eu adoro cozinhar. A cozinha sempre foi o espaço mais disputado na casa da minha mãe e eu cresci testando receitas. As minhas especialidades, claro, sempre eram os pratos gordurosos e calóricos, à base de *bacon* ou leite condensado. Não por acaso, quando comecei a dieta, um dos meus maiores desafios foi continuar cozinhando para meus amigos e familiares, sem cair na tentação de comer porcarias. E vamos combinar que, mesmo resistindo às delícias, era muito triste ser a única da mesa a comer frango grelhado com salada. Então, eu tive a ideia de substituir os ingredientes das receitas tradicionais por opções mais saudáveis. No início muita coisa não deu certo, mas, aos poucos, fui acertando a mão e conquistando o paladar até de pessoas que nunca fizeram dieta na vida.

E foi assim que surgiu a ideia de escrever este livro! Nele eu conto mais detalhes do meu emagrecimento e compartilho 100 receitas "proteicas" testadas e (a)provadas pelo meu nutricionista, que dá o aporte teórico para este livro. Viver em dieta, para mim, não é mais sinônimo de passar fome. Aprendi a saborear os alimentos, a nutrir (e não entupir) o meu corpo. Hoje, a minha felicidade não depende mais de uma *pizza* ou de um sanduíche cheio de gordura. Sou feliz porque fiz as pazes com o espelho, não tenho mais vergonha de ir à praia, consigo fazer uma caminhada longa sem perder o fôlego, não tenho mais medo de sentar em cadeiras de plástico, tenho mais disposição para trabalhar e me divertir. Tenho experimentado as sensações mais incríveis da minha vida. A soma de pequenas mudanças pode produzir resultados inesperados. Sem neuroses, sem loucuras, só com um pouco de paciência, é possível se amar todos os dias do ano.

Flávia Zonaro

PREFÁCIO

Muitos obesos precisam de um fator decisivo ou do incentivo de alguém para tomar coragem e mudar seu estilo de vida. Em uma bela manhã você acorda e tudo o que suportou até ali se torna insuportável. Sim, eu parto do pressuposto de que ninguém pode ser feliz obeso. Não falo de um pequeno excesso de peso ou do fato de a pessoa não se enquadrar nos padrões de beleza ditados pela moda. Quem pode ser feliz se não consegue dormir direito, se sente falta de ar ao dar uma corridinha até o ponto de ônibus, se o coração parece sair pela boca ao menor esforço físico?

Quando encontrei a Flávia, ela não sabia que eu também tinha perdido 50 kg, com dieta e exercícios físicos. Tivemos uma conversa deliciosa. Falamos sobre alimentação saudável, sobre as receitas que ela criou ao longo de todo o seu processo de emagrecimento, e eu me senti totalmente integrado à proposta do livro que ela pensava em publicar. De certa forma, com esse encontro pude repensar tudo o que tinha acontecido comigo também.

Eu, recém-chegado ao Brasil, abrindo meu restaurante em São Paulo, pensando nos prazeres do sabor da culinária mediterrânea e, de repente, sendo convidado a prefaciar o livro de alguém que, assim como eu, superou seus próprios preconceitos e assumiu as rédeas da própria vida. Foi uma feliz surpresa.

O fato é que a sociedade, quando não ignora, agride o obeso das mais diferentes formas. Você já imaginou o que é ir ao cinema ou viajar de avião e não encontrar uma simples cadeira adequada ao seu tamanho? A maioria das pessoas não se intimida em rir ou se impressionar diante de um obeso, ainda que pelas costas. Como defesa, não é raro vermos gordos bem humorados, que fazem a alegria da turma. Como julgar a capacidade, a inteligência e a força de vontade de um ser humano apenas por sua aparência física? A verdade é que não há proteção legal ou qualquer mecanismo de defesa para o sofrimento de conviver com a obesidade mórbida. Muitas coisas precisam ser feitas para integrar o obeso à sociedade, tratando-o com respeito e consideração.

Por outro lado, isso não significa que devemos tratar a obesidade com resignação. É possível mudar! Por meio da prática de exercícios, da reeducação alimentar e da força de vontade podemos reverter o processo da obesidade e garantir uma qualidade de vida melhor. Você não precisa ter um corpo perfeito para ser feliz ou ser aceito pela sociedade, mas você precisa vencer a obesidade para viver bem, mais e melhor. Que a experiência da Flávia sirva de estímulo para outras pessoas que estão acima do peso, com problemas de saúde e psicológicos. Uma rotina sadia é muito mais divertida. Ela nos dá autonomia emocional e resgata nossa autoestima.

Se você busca uma receita milagrosa que elimine o excesso de gordura do seu corpo em poucas semanas, melhor procurar outro livro. Mas se você busca inspiração para encarar o desafio de vencer a obesidade de uma forma saudável e definitiva, devore essa história sem deixar uma migalha. Não existe uma fórmula mágica, mas sim um despertar, uma tomada de consciência. Não importa quantos quilos de gordura você precisa perder. Com determinação, paciência e pelos meios corretos a Flávia atingiu seu objetivo. De quebra, agora nos presenteia com 100 saborosas receitas proteicas que podem compor as mais diferentes dietas. Delicie-se!

Rodrigo Lacerda
Chef internacional e proprietário do restaurante José

SUMÁRIO

PARTE 1 – OBESIDADE E QUALIDADE DE VIDA.....17
Obesidade não é destino..19

PARTE 2 – OS MILAGRES DAS PEQUENAS MUDANÇAS 27
1º Milagre – De obesa a sarada 29

2º Milagre – Um treinador em sintonia com a minha dieta 33

3º Milagre – Viver em dieta..................................... 36

4º Milagre – Santa Proteína..................................... 38

5º Milagre – Amar musculação 40

6º Milagre – Luto, perdas e superação 42

7º Milagre – A força de uma amizade..................................... 43

8º Milagre – 60 kg de gordura a menos 48

PARTE 3 – RECEITAS..53
Como utilizar as receitas 56

DOCES..................................... 57

Assado de ricota, batata-doce e canela..................................... 59

Batata-doce e mirtilos..................................... 60

Batido de ameixa..................................... 61

Bolinho de banana e castanha-de-caju..................................... 62

Bolinho de chuva proteico..................................... 63

Bolo de banana 65

Bolo de banana com mirtilos 66

Bolo de batata-doce..................................... 67

Bolo de batata-doce e amêndoas 68

Bolo de cacau e beterraba.. 69

Bolo de cará e coco.. 71

Bolo de cenoura... 72

Bolo de chocolate e creme de pistache 73

Bolo de limão.. 74

Bolo de mirtilo... 75

Bolo de morango e amora 77

Bolo simples de amendoim 78

Brevidade 79

Brigadeiro de inhame e cacau.. 80

Café proteico 81

Casadinho de chocolate 82

Cheese cake de groselhas... 83

Cheese cake de morango 85

Compota de batata-*yacon* 87

Creme de baunilha com gelatina de morango.................................... 88

Creme de chocolate.. 89

Crepe de batata-doce e sorvete de *tofu* e cacau................................ 90

Crocantinho de amêndoas e coco 92

Delícia proteica de café 93

Delícia proteica de limão 94

Donuts de morango... 95

French toast de banana e canela.. 96

Gelado de abacaxi 97

Gelatina *cheese cake*... 98

Massa básica para *waffle* 99

Panetone recheado 100

Panqueca de batata-doce com creme de baunilha e amoras................ 101

Panqueca de cará com *syrup* de framboesa 103

Pão de amêndoas... 104

Pavê de *brownie* 105

Pavê maromba 106

Pudim de amendoim 107

Rabanada maromba 109

Smoothie de morango 110

Torta de maçã 111

Waffle integral e sorvete de coco 113

SALGADOS 115

Almôndegas de ovo 117

Assado de batata-doce e atum 119

Assado de cará e frango 120

Assado de frango zero carbo 121

Assado de mandioca 122

Batata-doce especial 123

Batata-doce rosti 124

Bolinho de frango e batata-doce 125

Bolo de mandioca 126

Canapés de hambúrguer com creme de abobrinha 128

Caponata de berinjela com frango 130

Carne-seca com mandioca 131

Coalhada seca proteica 132

Couve-flor ao molho de iogurte 133

Coxinha de batata-doce 134

Crocantinho aromático 136

Estrogonofe maromba 137

Frango agridoce 138

Frango com cúrcuma 139

Frango com *shitake* e palmito 140

Frango crocante 141

Frango em cubos 142

Fritatta de carne moída 143

Fritatta de lombo 144

Gratinado de couve-flor e brócolis 145

Hambúrguer de grão-de-bico e feijão-verde 146

Macarrão com almôndegas 147

Macarrão com molho de abobrinha 149

Macarrão de atum 150

Macarrão integral com *tofu* 151

Mexido maromba 152

Muffin de frango e salsicha 153

Nhoque de batata-doce à bolonhesa 154

Nhoque de ricota e espinafre 156

Omelete recheado 158

Panqueca de frango 159

Panqueca proteica de carne 161

Pão fácil 163

Pão integral em camadas 164

Pão maromba recheado 166

Picadinho de filé *mignon* com mostarda 168

Pizza de frango e queijo 169

Pizza de ovo 170

Quibe assado de alcachofra, arroz negro e frango 172

Quibe de frango 173

Quiche de queijo e proteína 174

Risoto de arroz integral com alho-poró 175

Sanduba maromba 176

Sopa proteica de carne 178

Suflê de frango 179

Tapas maromba 180

Truta com especiarias 181

Waffle de frango 182

Waffle proteico de mostarda 183

PARTE 1

OBESIDADE E QUALIDADE DE VIDA

Rodolfo Peres

OBESIDADE NÃO É DESTINO

A obesidade é um problema nutricional complexo que afeta pessoas de todas as idades e grupos socioeconômicos. Segundo relatório da Organização das Nações Unidas para Alimentação e Agricultura (FAO), divulgado no ano passado, 1,4 bilhão de pessoas no mundo têm sobrepeso; 500 milhões são obesas.[1] O problema não é mais exclusivo de países com alta renda. Países em desenvolvimento, como o Brasil, também registram um aumento preocupante no número de pessoas com excesso de peso. Uma pesquisa recente do Ministério da Saúde revela que 51% da população brasileira acima de 18 anos está acima do peso, e 17,4% é obesa. Em 2006, quando os dados começaram a ser coletados, 43% da população tinha sobrepeso e 11,4% era obesa.[2] A questão é: com tantas dietas e tratamentos disponíveis, por que a cintura do mundo não para de crescer?

Apesar das influências evolutivas e biológicas, é evidente que as taxas de obesidade crescentes, observadas em muitos países a partir do final do século XX, não são resultado de mudanças internas, mas de mudanças no ambiente das pessoas. Nos últimos anos, grande parte da população dos países em desenvolvimento passou do risco de desnutrição à obesidade

---

1 FAO. *The state of food and agriculture report*: food systems for better nutrition. 2013, 114 p. Disponível em: http://www.fao.org/docrep/018/i3301e/i3301e.pdf. Acesso em: 25 mar. 2014.

2 Brasil. Ministério da Saúde. Secretaria de Vigilância em Saúde. Departamento de Vigilância de Doenças e Agravos não Transmissíveis e Promoção de Saúde. *Vigitel Brasil 2012*: vigilância de fatores de risco e proteção para doenças crônicas por inquérito telefônico. Brasília: Ministério da Saúde, 2013. 136 p. Disponível em: http://www.sbpt.org.br/downloads/arquivos/vigitel_2012.pdf. Acesso em: 25 mar. 2014.

porque, com o aumento da renda, teve acesso a uma grande quantidade de comida barata (e ruim), industrializada, cheia de gorduras e açúcar; trocou a bicicleta pelo carro ou moto; e conquistou comodidades dentro de casa que não foram compensadas por outras atividades físicas. Embora existam diversos programas radicais para perda de peso, garanto que não é preciso passar fome ou se privar de alimentos saborosos para eliminar gordura.

Neste livro, vocês vão acompanhar a história da minha paciente, Flávia Zonaro, que conseguiu mudar sua composição corporal seguindo um programa alimentar bem orientado e incorporando novos hábitos no seu dia a dia. Foi fácil? Não, claro que não. Foi rápido? Não, foi um processo lento, mas contínuo. Uma dieta bem programada não deve permitir que a pessoa diminua mais do que 0,8 a 1,5 kg do seu peso corporal por semana. Perda ponderal muito rápida e elevada não só coloca em risco a saúde como provoca perda de massa muscular significativa. Como a taxa metabólica é determinada pela quantidade de massa magra, a perda rápida de peso pode reduzir o metabolismo ainda mais. Quem busca resultados definitivos deve fugir das dietas com data certa para terminar. O compromisso deve ser para a vida inteira.

Embora a preocupação com o peso seja senso comum, ser obeso, sentir-se gordo, é uma experiência dolorosa, emocional e fisicamente. A obesidade é algo muito complexo. O problema não está só no estômago, mas no metabolismo, nos hábitos, na cabeça, no comportamento. O avanço das técnicas, a diminuição dos riscos e a difusão das informações relacionadas à cirurgia bariátrica fazem que cada vez mais médicos encaminhem pacientes para o procedimento. Falar sobre os perigos da cirurgia bariátrica causa certo desconforto aos que já se decidiram pelo procedimento. O que muitas pessoas só descobrem depois é que a cirurgia exige sacrifício, disciplina na dieta, mudança comportamental, prática regular de atividade física e acompanhamento médico pelo resto da vida. Sem isso, o obeso pode trocar uma doença grave por outra (desnutrição crônica, por exemplo) ou até voltar a ganhar peso. Não, eu não sou contra as cirurgias bariátricas, mas, pela minha experiência clínica, posso afirmar que em muitos casos não é o estômago que precisa de cirurgia, e sim o cérebro – no sentido figurado, é claro. Considero casos de exceção quando a pessoa, com um peso corporal acima da faixa de 150 a 160 kg, tem diabetes, hipertensão, já passou por todas as alternativas clínicas e não obteve êxito.

Com 35 anos de idade e pesando 140 kg, a Flávia seria uma boa candidata à cirurgia bariátrica e, se tivesse optado por esse caminho, teria eliminado quase todo seu excesso de peso em seis, sete meses. É animador imaginar um emagrecimento assim tão rápido, mas é importante lembrar que ninguém chega ao estágio da obesidade mórbida em meses. Normalmente, são anos e anos "pensando gordo", comendo de maneira errada e em excesso. Mudar esse processo leva tempo, e é dificultado pelo nosso hábito de recompensas imediatas e pela facilidade de acesso a alimentos de baixa qualidade calórica. Talvez a palavra-chave seja **paciência**. A alimentação é indispensável para a nossa sobrevivência. Se não comer, você morre. Se comer menos do que as suas necessidades nutricionais, terá problemas sérios de saúde. Com ou sem cirurgia, é preciso manter o foco na saúde, buscar formas corretas de se alimentar e praticar atividades físicas.

Muitas vezes, o sentimento de descontrole é o principal sabotador da perda de peso. Por isso, é preciso cuidado com dietas restritivas que fazem a pessoa pensar obsessivamente no que pode comer, quando vai comer e por quanto tempo vai resistir àquele pedaço de bolo. A experiência repetida e muitas vezes insatisfatória de fazer dietas sem sucesso só pode ser derrotada por um exame longo e rigoroso de seus hábitos de vida. "Ah, não tem jeito, a minha genética é ruim!" Quem nunca disse ou ouviu essa justificativa para os fracassos na dieta? A hipótese genética, uma das mais recentes avaliações do problema da obesidade, sugere uma forte predisposição hereditária para o excesso de peso, que pode remontar a várias décadas. Isso também valeria para o "magro de ruim" e para o sujeito que não consegue ganhar massa muscular, por mais peso que carregue. Posso garantir que essa dificuldade pode ser agravada quando, na ânsia de acelerar a mudança na sua composição corporal, as pessoas fazem uso de medicamentos, sem levar em conta as consequências dessa prática. Um metabolismo lento é resultado, entre outros fatores, de várias flutuações no peso corporal ao longo da vida, ou do uso de anorexígenos, hormônios tireoidianos, broncodilatadores, esteroides anabolizantes etc. Toda ação tem uma reação. Em médio prazo, essas substâncias podem produzir alterações significativas no metabolismo a ponto de impossibilitar futuras tentativas de perda ou de ganho de peso. O uso dessas drogas precisa ser contínuo, e para garantir seus efeitos é necessário mudá-las ou fazer combinações pelo resto da vida.

Outro grande equívoco é acreditar em dietas que propõem um mesmo cardápio para todos os leitores da revista ou do livro. O que há de comum entre eles? Por mais bem-intencionados que pareçam, a maioria busca sucesso comercial. Seus criadores sabem que é enorme o número de pessoas interessadas em emagrecer e dispostas a fazer qualquer coisa para alcançar esse propósito, e lucram alto com isso. Ao ler um livro sobre uma dieta rica em proteínas e pobre em carboidratos, muitos acreditam ter encontrado a solução para combater o excesso de peso. Mas ao ler outro livro sobre os benefícios da dieta rica em carboidratos e moderada em proteínas, já mudam totalmente de ideia. As diretrizes nutricionais fornecidas pela literatura científica fornecem fórmulas básicas que teoricamente funcionariam para todas as pessoas, no entanto, na maioria das vezes, deixam a mais importante das considerações de lado: a individualidade biológica.

Mas então, qual seria a melhor dieta para o seu caso?

A melhor dieta é aquela elaborada para atender às **suas necessidades**, considerando sua rotina de treinamento, atividades diárias, além de levar em conta suas especificidades genéticas e metabólicas. Para determinadas pessoas, uma dieta rica em carboidratos pode ser uma tragédia, mas para outras é indispensável. Pense em um atleta que treina de três a quatro horas, todos os dias. Ele vai precisar de uma alta ingestão de carboidratos para garantir um ótimo desempenho no treinamento, mas com a qualidade e na quantidade corretas. Portanto, em cada fase ou momento da vida, a dieta pode variar muito. Cada pessoa possui suas peculiaridades e precisa de estratégias específicas, seja para emagrecer ou ganhar massa muscular.

Um dos "segredos" na mudança definitiva da composição corporal, sem dúvida, é o controle do hormônio insulina. Para tanto, é preciso escolher bem as fontes de carboidratos a serem utilizadas, dando preferência às opções com menor índice glicêmico (batata-doce, cará, inhame, batata-*yacon*, arroz integral, macarrão integral, pão integral e algumas frutas[3]). Além da preocupação com o índice glicêmico dos alimentos fonte de carboidratos, devemos ficar atentos ao índice glicêmico da refeição como um todo. Alimentos fonte de proteínas (frango, carne bovina magra, peixes, aves e ovos), nossos nutrientes construtores, reduzem o impacto glicêmico da refeição. Portanto, a distribuição de proteínas em todas as refeições do dia é uma excelente ideia. Como nem todas as pessoas conseguem introduzir alimentos proteicos como carnes e/ou ovos nos lanches intermediários, uma alternativa mais prática é a utilização de *shakes* proteicos, desde que estejam adequados à sua dieta. Muitos *shakes* proteicos contêm grandes quantidades de lactose (carboidrato com grande característica insulinotrópica) ou são acrescidos de açúcares para melhorar o sabor. Ficar atento aos rótulos e buscar produtos de empresas com maior respaldo nesse mercado são boas dicas. Não se iluda com promessas de que vai conseguir uma grande ajuda na mudança de sua composição corporal utilizando suplementos alimentares. Um *shake* proteico de qualidade (preferencialmente com proteínas de absorção lenta, como um *mix* proteico) pode ser usado para **complementar** uma refeição em que a ingestão de alimentos proteicos fique limitada. Suplementos adicionais como BCAAS (antes, durante e/ou após os exercícios, sejam eles aeróbios ou musculação) podem ser úteis conforme o aumento da intensidade da atividade física, pois, sendo utilizados diretamente como fontes de energia no exercício, acabam auxiliando na preservação de massa muscular em um programa dietético com restrição calórica. Mas novamente destaco que é indispensável uma avaliação profissional para verificar a necessidade e o momento oportuno de cada suplementação.

Os termogênicos, muito utilizados para acelerar o metabolismo, também devem ser utilizados com cautela. Vendidos como "queimadores

---

3 Algumas frutas têm baixo índice glicêmico, como maçã, pera, ameixa, goiaba, melão, uva, lichia, laranja, morango, mirtilo e tomate, enquanto outras como abacaxi, melancia, manga, banana e mamão possuem um índice glicêmico mais elevado. Abacate e açaí (puros, sem adição de açúcar) são frutas calóricas, mas ricas em gorduras monoinsaturadas (as mesmas encontradas no azeite de oliva extravirgem e nas castanhas, o que pode torná-las úteis em um programa nutricional, desde que ingeridas nas quantidades e momentos corretos). Cada fruta tem sua peculiaridade e deve ser introduzida na alimentação respeitando essas características. O consumo exagerado de frutas, principalmente na forma de sucos concentrados, pode atrapalhar o processo de emagrecimento. Cuidado!

de gordura", podem ter substâncias capazes de produzir um "efeito rebote" no metabolismo, ou seja, dificultar ainda mais a perda de peso. Além disso, o uso demasiado de substâncias estimulantes pode provocar alterações psicológicas graves, como ansiedade, depressão, transtorno bipolar e síndrome do pânico. Se quiser usar algum estimulante antes do exercício, o mais sensato é buscar termogênicos naturais, como a cafeína, em quantidades nunca superiores a 100 - 200 mg. Mesmo assim, é importante evitar seu uso diário, para evitar a perda da sua eficácia. A suplementação com vitaminas, minerais e antioxidantes específicos também deve ser feita com cuidado. O excesso de determinado micronutriente no organismo pode levar à descompensação de outro micronutriente. O nosso corpo é uma máquina perfeita e deve ser mantida em equilíbrio. Portanto, a melhor maneira de introduzir vitaminas, minerais e antioxidantes na dieta é com uma alta ingestão de legumes e verduras, suplementando apenas os micronutrientes necessários, o que somente um nutricionista conseguirá fazer com maestria.

Já a distribuição dos alimentos fonte de carboidratos nas cinco ou seis refeições diárias deve respeitar o gasto energético. É simples! O que você vai fazer depois do almoço? Vai se exercitar? Então a sua refeição deverá conter um pouco mais de carboidratos, nosso principal nutriente energético, pois o seu gasto energético será maior. Se nas próximas horas você vai ficar sentado no escritório ou vai dormir, sua necessidade energética será mínima, portanto, o melhor é diminuir os carboidratos. Acho que a partir dessa breve explicação fica claro por que a maioria das dietas restringe o consumo de carboidratos. Quando fazemos uma refeição, o corpo gasta energia para digerir, absorver e assimilar os nutrientes do alimento. Esse processo é conhecido como efeito térmico dos alimentos. Carboidratos causam um efeito térmico aproximado de 12%, enquanto a proteína pode estimular uma resposta de até 25%. Uma dieta rica em carboidratos estimula o sistema nervoso parassimpático, que reduz o metabolismo. Já as proteínas estimulam o metabolismo das células de gordura marrons, que são metabolicamente ativas. Evitando carboidratos em excesso, especialmente os simples, o corpo libera um hormônio chamado lípase, que faz que os ácidos graxos sejam lançados na corrente sanguínea para serem usados como combustível.

É mais um motivo para evitar um consumo exagerado de carboidratos nas refeições que não antecedem a prática de algum exercício físico.

As receitas apresentadas neste livro têm como objetivo fornecer um bom sabor associado a uma ótima qualidade nutricional, uma maneira de facilitar a mudança dos hábitos alimentares. Algumas receitas não são adequadas para propostas alimentares com maior restrição, mas mesmo nesses casos podem ser usadas eventualmente. Pensem comigo: seria melhor "escapar" da dieta com um bolo de cenoura com cobertura de chocolate ou um bolo similar, sem açúcares, excesso de gorduras e ainda enriquecido com proteínas? Em uma das inúmeras consultas que realizei com a Flávia, não esqueço quando ela me contou do seu hábito de adorar cozinhar para seus amigos. No passado, fazia pratos calóricos, preocupando-se apenas com o sabor. Então ela decidiu preparar receitas saborosas, com ingredientes saudáveis, para variar seu cardápio e continuar recebendo os amigos para jantar. O mais curioso foi a reação deles ao descobrirem que aquilo que estavam comendo, além de saboroso, tinha um ótimo valor nutricional. Para a maioria das pessoas, infelizmente, ainda é forte a concepção de que é necessária uma alta quantidade de gorduras ou açúcares para garantir um sabor agradável. Com este livro, a Flávia desmistifica essa ideia e apresenta excelentes sugestões de receitas que podem compor o cardápio de qualquer pessoa, independentemente do objetivo.

Acredito que o desafio mais difícil e premente dos tempos atuais é a prevenção. Se nós, agora, sabemos que a obesidade é a principal causa de tantas doenças, medidas urgentes precisam ser tomadas. Muito se fala, mas pouco tem sido feito. A prevalência do excesso de peso nos países em desenvolvimento projeta um cenário preocupante: a sobrecarga no sistema público de saúde com o atendimento das doenças decorrentes da obesidade, como diabetes e hipertensão. O combate à obesidade é complexo e necessita de ações que envolvam desde modificações na agricultura, que possibilitem maior oferta de alimentos saudáveis, até mudanças no planejamento urbano, capazes de estimular a prática regular de atividade física nas cidades. Medidas fiscais que tornem mais acessíveis os alimentos saudáveis e menos acessíveis os alimentos não saudáveis são indispensáveis, assim como medidas regulatórias, que disciplinem os limites para a publicidade de alimentos. Controla-se a obesidade apoiando, protegendo e promovendo práticas de vida saudáveis.

Temo pelo futuro das nossas crianças, porque não consigo pensar em um único setor importante da economia que se beneficie com o combate às forças que incentivam a obesidade. A educação na infância é fundamental para evitar escolhas erradas na vida adulta. Não se pode induzir a criança a comer batata frita como um prêmio nos fins de semana. Isso não é prêmio, é punição! Quantos dias da semana você reserva para almoçar ou jantar com seus filhos? Quanto tempo seu filho passa sentado em frente à TV ou brincando no computador? O que você tem feito para evitar que seus filhos sofram com as consequências do excesso de peso no futuro? Criança acima do peso só muda seus hábitos se os pais mudarem junto! Como falei anteriormente, embora fatores genéticos tenham papel importante, obesidade não é destino. O objetivo deste livro vai além de ensinar a fazer pratos saborosos, com ótimo valor nutricional. Espero também que muitas pessoas se inspirem no exemplo da Flávia na busca por uma vida mais saudável. Reverter o processo de obesidade leva tempo, não é fácil, mas vale a pena.

PARTE 2

OS MILAGRES DAS PEQUENAS MUDANÇAS

Flávia Zonaro

> "Há apenas duas maneiras de se ver a vida:
> uma é pensar que não existem milagres e a
> outra é acreditar que tudo é um milagre."
> *Albert Einstein*

1º Milagre — De obesa a sarada

Com toda sinceridade, logo na primeira consulta, quando ouvi o Rodolfo dizer que eu poderia ficar "sarada", não acreditei. Naquele momento, ter um corpo malhado era um sonho inimaginável. Perder o excesso de peso já era uma meta bastante difícil. Pensar em subir na balança me dava calafrios, mas tive de encarar a realidade e enxergar o meu corpo com 129,4 kg.

Saindo do apartamento para buscar *pizza*...
Ainda não pensava em dieta.*

---

* Nota do editor: as fotos presentes neste livro fazem parte do acervo pessoal da autora. Entendemos que, apesar do modo precário em que foram capturadas, enriquecem a experiência de leitura e contribuem para a plena compreensão do texto.

Odiava tirar foto. Caminhada longa e difícil num parque ecológico. O peso dificultando a vida.

Saí do consultório com a missão de comer os alimentos corretos, nos horários corretos, ou seja, aprender a me alimentar direito, algo aparentemente impossível para uma obesa assumida. Eu não vivia sem *pizza*, lasanha e bife à parmegiana e, de um dia para o outro, tinha que eliminar toda a gordura e o excesso de carboidrato das minhas refeições. E pensar que, meses depois da primeira consulta, eu não sentiria mais falta das "gordices" que comia com vontade e sentiria vontade de comer coisas saudáveis... Não, eu não podia imaginar.

Primeiramente, o Rodolfo me apresentou os alimentos que eu poderia comer na primeira etapa da dieta. Se você pensou em um cardápio restritivo, sem sabor e com pequenas quantidades, errou. Tanto que, logo no início da dieta, cheguei a mandar um *e-mail* para ele com a seguinte pergunta: "Preciso mesmo comer tudo o que você me passou ou posso tirar alguma coisa?". Não estava passando fome. Mundo novo!

Pela primeira vez também tive contato com a suplementação alimentar. Nunca imaginei que, fazendo dieta para emagrecer, eu entraria em uma loja para comprar suplementos esportivos. Os vendedores estão acostumados a receber clientes com mais de 100 kg... de músculos... e eu era só gordura! Vencido o preconceito, comprei meu primeiro suplemento. Foi incrível perceber como a suplementação pode facilitar a vida de quem vive na correria e não tem tempo de comer nos horários intermediários. Além de prático, evita as escapadas ou desculpas para fugir da dieta.

Horário sagrado, o *shake* proteico do meio da tarde.

A primeira prova de fogo aconteceu logo nos primeiros dias da dieta, quando tive que organizar uma pequena reunião no trabalho com todos os comes e bebes que eu não podia comer. Pensei: isso deve ser provação, mas já que é para fazer direito, vamos com fé! Fiquei olhando para os *croissants* e não comi. Não estava com fome, então não precisava comer. Saí do trabalho me sentindo vitoriosa. Comer por simples vontade de comer, sem fome, era o meu passatempo predileto e, pela primeira vez, tinha decidido não comer besteiras. Fiz uma escolha, disse: não quero!

A partir desse ponto, não deixei de ir a eventos e festas, apenas procurava comer os alimentos saudáveis. Se eu sabia que não haveria nada adequado à minha dieta, comia antes de sair de casa ou levava algo pronto. Não vou dizer que foi fácil deixar de comer ou escolher as comidas mais saudáveis em certos restaurantes, mas posso garantir que é possível. É claro que ouvi muitas risadinhas, seguidas de comentários como "Coitadinha, não pode comer" ou "Pegue só um pedacinho, não vai fazer mal". Ora, eu não estava sofrendo, nem passando fome. Por isso, em vez de me deixar triste, esses comentários só fortaleciam o meu compromisso com a dieta. Com o passar do tempo, certos pratos calóricos e gordurosos perderam a graça e o foco mudou. Eu olhava para os meus colegas se deliciando com frituras e pensava: "Coitados, não sabem a porcaria que estão comendo".

Depois de alguns meses em dieta, já me achava magrela.

Feliz em dieta.

Eu me sentia tão bem que a vontade de dar as "escapadinhas" foi diminuindo, até chegar ao ponto em que passei a escolher a dedo as guloseimas. Juro que posso contar nos dedos – de uma mão – as vezes em que comi coisas que não estavam no meu programa alimentar. Nesse ponto, comecei a perceber que eu não estava *fazendo* dieta, estava *vivendo* em dieta. Era o meu novo estilo de vida e foi incrível me dar conta disso.

À medida que os resultados começaram a aparecer, várias pessoas começaram a perguntar o que eu estava fazendo, qual a "fórmula" do meu sucesso. Respondia sempre as mesmas perguntas, inúmeras vezes. Quando eu explicava que tinha trocado o arroz branco pelo integral, que estava comendo muita salada, algumas torciam o nariz, como se comida saudável fosse a coisa mais horrível do mundo. Ah, tá. Passar uma semana tomando sopa de água com couve só para entrar num vestido de festa é legal, mas tomar um *shake* de proteína no meio da tarde ou comer arroz integral é tortura? Qual a lógica? Fui entendendo que, na verdade, estamos condicionados a achar certas coisas ruins antes mesmo de experimentar. Eu também era assim. Puro preconceito.

2º Milagre – Um treinador em sintonia com a minha dieta

Para ter uma vida saudável, fazer exercícios físicos é essencial. Isso todo mundo sabe. Pagar academia é fácil, difícil é frequentar. Paguei muitas mensalidades à toa, matriculei-me em várias academias, mas sempre dizia que não gostava do lugar, não dava tempo de ir, enfim, qualquer bobagem era motivo para fugir do compromisso. Pensando no meu objetivo de mudar meus hábitos de uma vez por todas, estabeleci uma meta bem realista: treinar três vezes por semana, sem inventar desculpas. "Pense na academia como uma sessão de hemodiálise. Se você não fizer, morre." Quando um amigo me disse isso, achei a ideia meio exagerada, mas comigo funcionou. Sempre que batia a preguiça eu pensava: "Não posso desanimar, tenho que cumprir meu dever". A verdade é que o mais difícil era *ir* para a academia. Depois que eu começava a treinar, vinha um entusiasmo, uma alegria boa, que compensava todo o resto.

Quando se está muito acima do peso, encarar uma academia é tão ou mais difícil do que começar uma dieta. Além do constrangimento de estar em um ambiente cheio de pessoas saradas, sempre vem a sensação de que a gente nunca vai ver os resultados. A minha relação com a academia só começou a melhorar quando eu parei de me comparar com outras pessoas e passei a respeitar o meu ritmo. Inclusive, foi justamente nessa época que parei de achar fácil a vida de quem é magro e pode comer de tudo. Para muitas pessoas, ganhar ou manter o peso é muito mais complicado do que parece. Na academia, conheci muita gente magra se esforçando tanto quanto eu para ganhar um pouco de massa muscular.

Treino em São Paulo.

O início da musculação.

Pensando bem, tive muita sorte! Encontrei um ambiente maravilhoso para treinar e professores atenciosos e sempre dispostos a me incentivar. Eu me sentia tão à vontade que nem ligava para o meu tamanho. No meio de tanta gente magra, era natural que eu me sentisse deslocada, mas não foi o que aconteceu. Deixei a vergonha de lado e mantive o foco no meu objetivo. Quando estou na academia faço o que tem que ser feito, não fico enrolando; se tenho pouco tempo, aproveito da melhor forma possível. Vou até lá para sair melhor do que entrei, então procuro me concentrar e fazer tudo corretamente. Não quero levar lesões para a vida, muito menos ter uma alimentação toda correta e não obter resultados físicos e estéticos.

Com meu treinador, Romão Ojukwu, a sintonia foi perfeita! Quando iniciamos o treinamento eu estava com 129,4 kg, como mostram as fotos da minha primeira avaliação física (veja na página 52). Meu Deus! É exatamente o que penso toda vez que vejo essas fotos. O desespero aumenta quando lembro que eu já tinha emagrecido bastante, por conta própria, antes de buscar um acompanhamento nutricional. Como eu pude chegar naquele ponto? Eu não tinha espelho em casa, só pode!

Sempre que eu chegava reclamando: "Não gosto disso... aquilo eu não vou fazer", ele ouvia com paciência e simplesmente ignorava. Perfeito! Eu acabava fazendo tudo o que meu treinador mandava, querendo ou não. Com isso, fiz séries que sempre odiei. Abdominais e agachamento, por exemplo, sempre foram meu ponto fraco. Aos poucos, passei a fazer esses exercícios com concentração e regularidade. O resultado foi visível. Meu corpo começou a ganhar curvas bonitas, ficar mais harmônico. Os treinos sempre tiveram graus de dificuldade variados, buscando melhorar a resistência, aumentar a força ou ganhar definição, sempre em total sintonia com a minha dieta. Primeiro a musculação, depois a parte aeróbica, para complementar o dia de treino. Uma coisa eu aprendi: quando o exercício é feito de forma correta e com regularidade, os resultados vão aparecer. Eis a receita! Antes de meter o pau na academia que você frequenta, veja se não é você que anda relaxando ou está sendo mal orientado. Com certeza faço muitos exercícios de que não gosto, mas o resultado é tão bom que já nem penso no quanto é ruim. Faço e pronto! Continuo reclamando, mas faço.

Com a palavra, o treinador

O início da atividade física para obesos é sempre difícil, pois, em geral, trata-se de pessoas que nunca praticaram qualquer exercício ou estão há muito tempo em inatividade. A ideia da prática da musculação sempre vem acompanhada de muito preconceito. O pensamento clássico é de que a perda de gordura ocorre apenas com a atividade aeróbica. Sim, é verdade que os exercícios aeróbicos geram perda de gordura, mas não otimizam a manutenção da massa magra. A prática da musculação, acompanhada da atividade aeróbica, é essencial para que ocorra uma evolução saudável no processo de emagrecimento.

Quando a Flávia me procurou, ela estava com quase 130 kg e não praticava exercícios físicos com regularidade. Entre julho e setembro de 2012 ela frequentou a academia, em média, quatro vezes por semana, realizando um treino de iniciante para se adaptar aos exercícios: musculação e 40 minutos de exercícios aeróbicos, sempre depois da musculação. Nesse primeiro momento ela não fazia esteira, apenas o aparelho elíptico; por causa do seu excesso de peso, nossa preocupação era evitar lesões nos joelhos.

Entre outubro e dezembro de 2012, sua frequência continuou em quatro vezes por semana, mas o treino passou para resistência e força. Quatro séries com uma média de 20 repetições e peso menor, mas suficientes para a fadiga muscular. Após o treino com pesos, complementávamos com exercícios aeróbicos, com 20 a 30 minutos de duração.

Entre janeiro e fevereiro de 2013, ela passou a treinar cinco vezes por semana. Como a Flávia estava em férias do trabalho, tinha mais tempo para se dedicar aos exercícios. Então, três vezes por semana, ela fazia aeróbico de manhã e voltava à noite para uma sessão de musculação e mais um pouco de aeróbico. Seu treino era bem intenso. Entre março e julho, a frequência do treino variou entre quatro e cinco vezes por semana, com treino de força máxima mais 30 a 40 minutos de aeróbico, sempre que fosse possível.

Entre julho e outubro de 2013, mesmo com todos os problemas pessoais que enfrentou, Flávia não deixou de frequentar a academia. Nesse período conturbado, conseguimos manter uma rotina regular de treinamento três vezes por semana.

Um ano e quatro meses depois, muita gordura foi eliminada e Flávia ganhou mais do que um novo corpo. Ganhou mais disposição, saúde e qualidade de vida. A dieta e a prática de exercícios devem ser para a vida toda, e é possível adequá-las à nossa rotina diária, por mais agitada que ela seja. Basta ter foco e organização. Sem desculpas, os resultados aparecem!

Romão Ojukwu, educador físico e *personal trainer*.

3º Milagre – Viver em dieta

Depois de meses sem consumir açúcar, farinha branca e leite, eu continuava viva! Viva e mais bonita. Até a minha pele e o meu cabelo pareciam mais saudáveis. Estava ocorrendo uma desintoxicação. Meu ânimo era contagiante e eu estava realmente feliz em dieta. O paladar ficou mais apurado, pois, sem o gosto forte da gordura pesada, conseguimos sentir melhor o sabor de cada alimento e aproveitar mais as refeições. Alguns alimentos, como a cenoura, que eu não gostava, ficaram mais agradáveis. Sentia até vontade de comer. É difícil explicar, só vivendo essa situação para entender. Peixe eu achava que não tinha gosto de nada, mas também passei a comer como se fosse uma macarronada. Ao experimentar uma das minhas receitas à base de peixe, uma amiga até brincou dizendo que eu tinha escondido o peixe embaixo do tomate. Ela acertou em cheio. Para deixar o peixe saboroso, era só caprichar no molho. Tão simples!

Romão Ojukwu, *personal trainer*, e eu.

Shaiene Galvão, eu e Rodolfo Peres gravando vídeos de receitas.

Para quem conheceu a Flávia obesa, que nunca saía do supermercado sem um salgadinho, era inacreditável me ver levando *marmitinhas* para cima e para baixo. Sim, eu como frango no meio da tarde! Sempre disse que não tinha **tempo** para essas paradinhas. Hoje, se não consigo preparar as minhas refeições em casa, passo em um restaurante e compro meu franguinho. A minha vida continua uma correria, a diferença é que aprendi a organizar melhor a minha agenda e a priorizar a saúde.

São raríssimas as pessoas que conseguem viver de batata-doce, frango e suplemento por anos a fio. Até os atletas tem as suas fases "*off*", mas, mesmo assim, tenho uma enorme admiração pelo estilo de vida que eles levam. Para nós, que só pensamos em perder a barriga e aquelas gordurinhas extras, basta disciplina. Não é preciso excluir os prazeres à mesa, apenas reaprender a cozinhar e fazer as escolhas certas com criatividade. Você pode comer um pudim, mesmo em dieta, desde que ele não tenha açúcar e tenha uma dose extra de proteína. "Ah, mas não fica tão gostoso!", alguém pode pensar. Como o Rodolfo me ensinou, quem vive em dieta deve se preocupar com a *qualidade* das calorias que está ingerindo, não com a *quantidade*.

Rodolfo Peres e eu com
a segunda edição do livro
Viva em dieta, viva melhor.

Não, eu não passei a odiar leite condensado, *bacon* ou chocolate, nada disso! A diferença é que, antes, eu não tinha o menor controle sobre a minha vontade, e agora não sou mais refém da comida, não como porcarias para compensar minhas carências emocionais. Se comer chocolate, por exemplo, como o suficiente para saciar minha vontade. Quando eu era obesa, podia comer várias barras e não me sentia satisfeita. Comia até não aguentar mais e depois sofria com o peso na consciência. Chegar ao estágio em que estou hoje não foi fácil, mas garanto que valeu a pena. Há muitas opções saudáveis e gostosas para se consumir. A grande questão é mudar o costume de cozinhar, driblar o velho modelo mental de achar que tudo o que é bom engorda, fazendo substituições inteligentes.

4º Milagre – Santa Proteína

Como adiantei na Introdução, logo no início da dieta comecei a sentir falta daquilo que eu mais gostava de fazer: cozinhar. Minha descendência italiana é muito forte e a vida da minha família sempre girou em torno da cozinha. Era impossível ficar sem cozinhar para os meus amigos.

Mudando meu conceito de cozinhar.

No começo, tinha muitas dúvidas sobre o que podia ou não usar. Estava tão acostumada a cozinhar da mesma forma que me sentia insegura quando pensava em substituições. Comecei devagar, primeiro buscando alimentos e temperos permitidos na minha dieta. Como adoro reunir os amigos, o segundo passo foi inventar pratos que não fossem tão gordurosos, preservando o sabor. Foi aí que começaram as minhas experiências culinárias: "Se eu tirar o sal e o óleo, será que essa receita vai dar certo?"

No começo, confesso, não foi nada fácil, mas com o passar do tempo aprendi algumas combinações e passei a usar os amigos como cobaias. Desculpa, gente, mas foi isso mesmo. Para minhas visitas, eu sempre apresentava a "opção dieta", com alimentos integrais e com pouca gordura, e a "opção normal". Para minha surpresa, a "opção dieta" sempre acabava primeiro. Mas choque mesmo eu tive quando fiz meu primeiro creme de chocolate para *waffle* integral. A aprovação foi tão grande que os concorrentes da noite, o *waffle* de farinha branca e o potinho de creme de avelã com cacau, ficaram praticamente intactos.

A partir daí, comecei a perguntar para mais pessoas que estavam em dieta o que elas tinham muita vontade de comer e não podiam. Muitas receitas surgiram assim, tentando ajudar outras pessoas a manter o foco na dieta. Obviamente, muitas tentativas não deram certo, mas eu não desistia.

Fazia de novo, de outro jeito, mais uma vez, até acertar o ponto. Foi nessa época que eu criei uma trufa proteica, a solução para minha TPM. Santa proteína! Sempre brinco que a trufa é um chocolate complexo que mata a minha vontade de comer doces e me mantém na dieta. Não demorou muito para os meus amigos começarem a fazer encomendas e a espalhar a novidade. Hoje, minhas trufas fazem o maior sucesso nas redes sociais.

5º Milagre – Amar musculação

Passada a barreira dos 100 kg, meu objetivo era alcançar 15% de gordura corporal. No começo da dieta, se alguém me dissesse que um dia essa seria a minha meta, eu daria muita risada, mas depois de perder 40 kg eu sabia que podia ir mais longe. Aos 35 anos de idade, o meu corpo estava melhor do que aos 25. Se eu olhasse apenas para os números da balança, teria me desmotivado. Já tinha pesado bem menos, só que a qualidade da minha dieta, somada aos exercícios pesados na academia, deixaram o meu corpo mais proporcional.

Visando à perda de gordura corporal, meus treinos ficaram mais intensos. Manter a regularidade na academia já não era um problema, eu estava completamente integrada à minha nova vida. Na metade do percurso, eu ainda não conseguia enxergar o meu corpo magro, com músculos mais definidos, mas estava disposta a ir até o fim. Eu me sentia feliz, de verdade.

Vamos combinar que uma das coisas mais insuportáveis que um obeso pode ouvir é: "Nossa, que rosto lindo você tem!". A pessoa pode ter a melhor das intenções, mas... e o resto de mim? Cansei de ser a moça simpática, de rosto bonito. O corpo precisa de harmonia e era isso que eu buscaria.

Seis meses depois de começar a dieta, com 101 kg, tomei coragem para resgatar algumas roupas do armário. Muitas peças que não me serviam ficaram mais bonitas no meu corpo novo, mais proporcional. Finalmente consegui entender a diferença entre perder peso e perder gordura corporal. Meus músculos estavam mais tonificados e havia perdido gordura por todo o corpo. Blusas que antes ficavam largas no ombro e justas na altura do quadril agora ficavam perfeitas. Cheguei à conclusão de que ganhar músculos não deve ser uma preocupação apenas de fisiculturistas.

Não precisamos ter músculos gigantes, aparecendo, mas temos que melhorar a nossa massa muscular sempre, independentemente da idade.

Hoje, tenho que me redimir com todos os instrutores da academia que ouviram as minhas reclamações: "Não, esse exercício eu não vou fazer porque não quero ficar musculosa". Que ignorância a minha! Se fosse tão fácil ganhar massa muscular, não haveria tanta gente recorrendo a anabolizantes. Hoje eu sei que a musculação é fundamental para preservar a massa magra durante o processo de emagrecimento. Não seja bobo(a) como eu fui. Treine pesado desde o início. O importante é buscar profissionais competentes e responsáveis para orientar seu treino, e os resultados vão aparecer.

Por falar em resultado, eu nunca dei muita bola para o meu percentual de gordura, mas, empiricamente, aprendi o que ele significa. A elasticidade da minha pele estava melhorando, meu corpo ficando mais rígido. Quando emagreci 40 kg, na época do vestibular, tive que fazer uma cirurgia plástica para corrigir os efeitos do emagrecimento. Apesar de muito jovem, tive muita flacidez. Desta vez a realidade é bem diferente. A musculação, associada a uma dieta bem orientada, rica em proteínas, tem feito milagres. Hoje, nem penso em cirurgias reparadoras. O meu foco é baixar o percentual de gordura e aumentar a massa muscular. Tenho certeza que ainda posso

Sentindo-me bem com o meu corpo.

A musculação mostrando resultado.

melhorar (muito) a aparência do meu corpo, sem precisar recorrer a procedimentos invasivos. O esforço compensa, pode apostar!

6º Milagre – Luto, perdas e superação

Com 20,5% de gordura corporal, eu estava muito perto da minha meta. Já havia perdido mais de 50% da gordura quando, por uma ironia do destino, descobri que minha mãe estava doente, com câncer. Tentei não me desesperar, mas o medo de perder a minha mãe era indescritível.

Saímos do consultório médico e a primeira coisa que fizemos foi parar para comer. Na verdade, fizemos uma maratona culinária sem limites, comemos o dia todo. À noite, claro, passei muito mal. Depois de tantos meses em dieta, meu corpo estava reagindo às extravagâncias. Eu tinha comido uma quantidade absurda de besteiras e continuava triste. Comer não resolveria o problema e nem aplacaria o meu sofrimento. Se eu perdesse o controle da minha alimentação naquele momento, só criaria mais uma dificuldade, mais uma dor. Eu precisava ser forte e ajudar a minha mãe, e foi o que fiz.

A médica da minha mãe explicou que ela precisava de uma alimentação especial durante o tratamento. Mal sabia que os alimentos que ela precisava consumir eram justamente aqueles que há tempos faziam parte da minha dieta. Um ano antes, eu não saberia nem o que cozinhar. Peixes, gengibre, couve, mandioca, batata-doce, todas as minhas receitas proteicas, poderiam ser úteis na recuperação dela. É engraçado como coisas aparentemente sem nenhuma conexão vão tomando forma e ganhando significado nas nossas vidas.

Não bastasse a doença da minha mãe, nessa mesma época, o meu casamento acabou depois de 13 anos. De comum acordo, entendemos que não fazia mais sentido continuarmos juntos como casal, seríamos apenas amigos. No meio desse turbilhão ainda encarei uma importante mudança profissional. Foi um novo desafio! Obrigada, Cris Petinati!

Infelizmente, minha mãe não resistiu ao câncer e só viveu por mais dois meses e meio. Foram momentos extremamente difíceis. Ao perdê-la, perdi a minha estrutura, a minha melhor amiga. Fui obrigada a crescer, deixar de ser filha. Muitos me perguntavam como eu estava conseguindo superar tanta tristeza. Eu sempre respondia que a força vinha da mãe, que me ensinou a ser forte e encarar todas as batalhas de peito aberto. Mesmo com a doença, ela exalava confiança e sempre encontrava as palavras certas para encorajar a mim e ao meu irmão. Ficava estressadíssima quando percebia que estávamos desanimados, e sempre colocou a nossa felicidade em primeiro lugar. Eu não podia entregar os pontos, desistir dos meus objetivos... por ela precisava continuar!

Pensei muito antes de incluir esses acontecimentos no livro. Afinal, a proposta era falar sobre a minha dieta. Mas considerei todas as pessoas que buscam na comida um consolo para a dor. Durante três meses, meus resultados na dieta não foram tão bons, passei a ir menos vezes na academia, mas em nenhum momento pensei em interromper ou parar. Problemas sempre vão existir, em maior ou menor grau, todo mundo tem os seus. Então, o jeito é enfrentar tudo de frente, sem descontar nossas frustrações ou tristezas na comida, bebida e outros vícios. É um círculo vicioso que não leva a nada, ou melhor, leva sim: a outros problemas ainda maiores.

7º Milagre – A força de uma amizade

Durante todo o meu emagrecimento, recebi o apoio e o incentivo de muitas pessoas, mas não posso deixar de destacar a presença da Shaiene em minha vida. Começamos a dieta na mesma semana e trabalhamos juntas durante muito tempo. Essa convivência diária foi fundamental para que eu conseguisse chegar tão longe. Aparentemente, os objetivos eram opostos, mas a determinação era a mesma. Eu e a Shai formávamos a dupla perfeita: a gorda e a magra, vivendo em total harmonia. Ela querendo ganhar músculos e eu querendo perder gordura. Não foram poucas as vezes em que

Shaiene Galvão: a busca da definição...

...e o resultado do esforço. Um ano de treino e dieta!

ela tentou me convencer de que, no fundo, a gente buscava a mesma coisa. Demorou para eu entender a lógica dessa convergência.

A Shai foi minha cobaia preferida. Eu cozinhava muito para testar as receitas e, claro, não podia comer tudo o que estava fazendo. Ela podia. Mas a nossa parceria ia além da cozinha. Ela era a minha cúmplice sempre que sentia vontade de fugir da dieta. Um dia, saímos para comer pastel. Depois de dois meses seguindo a dieta à risca, por que não comer uma *friturinha*? Eu estava toda feliz, feito uma criança fazendo arte, quando o celular piscou e apareceu uma mensagem: "Foco aí, hein! Força total na dieta!" Ah, mas era só o que faltava, o meu nutricionista tinha sexto sentido! Shai e eu demos muitas risadas, mas, claro, a consciência pesou e entendemos que a gente podia enganar todo mundo, menos a nós mesmas.

Shaiene Galvão antes de viver em dieta.

Shaiene Galvão:
Objetivo alcançado!

Numa perspectiva normal, em agosto de 2013 eu já teria alcançado os 15%, mas ainda estava com 17,8%. Nesse ponto o Rodolfo mudou para Londrina, no norte do Paraná. Como eu moro em São Paulo, o jeito foi viajar para seguir com meu tratamento. O que, a princípio, parecia ser o fim da minha dieta, foi, na verdade, o começo de uma nova fase.

Reencontrei velhos amigos e conheci a família do Rodolfo. Eu, que já me considerava a irmã do meio, de coração, fiquei muito à vontade para compartilhar sonhos, frustrações e medos com a mãe dele, a Hilda. Minha vida estava mudando, em todos os sentidos, e me sentia sozinha sem a minha mãe por perto para me orientar. Chorei muito, desabafei. Mãe é mãe, pode falar duro porque, mesmo contrariados, os filhos sempre vão ouvir e entender.

Outra pessoa que me encheu de ânimo nas minhas idas a Londrina foi o Eduardo Osti, meu treinador paranaense. Foi com a energia nova no treinamento que consegui concentrar, organizar as ideias e sair do ciclo de tristeza. É engraçado, mas acho que nem ele sabe o quanto foi importante para mim. Com poucas palavras, mas ditas nos momentos certos, o Eduardo fez que eu retomasse meu equilíbrio. Tinha um sorriso tão sincero e amigo que levei na brincadeira o comentário que ele fez logo no primeiro dia de treino:

"Flávia, daqui a dois dias você vai sentir muito as suas pernas e vai me odiar". Dois dias? Logo que saí da academia já entendi o que ele queria dizer. Eu mal conseguia andar! Não o odiei, pelo contrário, sempre que ia a Londrina, marcava treino. Treinador excelente! Pode parecer *conversinha*, mas treino sério e intenso vicia. Valeu para mim e acho que pode valer para todos.

Com o treinador Eduardo Osti na *Iron*, em Londrina.

Desenvolvendo o agachamento na *Iron*, em Londrina.

Eduardo me lembrando de que preciso me concentrar, focar no exercício.

Foco e concentração eram difíceis para mim. Quem me conhece sabe o quanto gosto de conversar, mas fui exercitando, aprendendo e melhorando. Tudo na vida é uma questão de querer. Resultados duradouros chegam quando fazemos o que deve ser feito sem buscar atalhos, ultrapassando os desafios que aparecem, enfrentando o que é necessário e evoluindo, sempre!

Com a palavra, o treinador

Um dia recebi a ligação do meu grande amigo e nutricionista Rodolfo Peres, dizendo que havia me indicado a uma de suas pacientes. Foi aí que conheci uma das pessoas mais maravilhosas que a vida me deu oportunidade de conhecer, minha querida amiga, cliente e protetora Flávia.

Marcamos um encontro, conversamos muito e combinamos nosso primeiro treino. Ela já tinha emagrecido bastante, porém, sua composição corporal ainda não estava adequada. Para continuar seu processo de perda de peso seria indispensável intensificar sua forma de treinamento, mas respeitando a manutenção da massa magra: eliminar apenas gordura! Perder músculo é como assassinar aos poucos seu corpo, por isso é tão importante se preocupar com o que está perdendo, e não se fixar em números de balança. O que realmente importa é uma boa composição corporal.

Pensei: "Vou encher essa mulher de músculos!". Nada melhor para acelerar o metabolismo do que aumentar a massa muscular. Não podemos pensar apenas no gasto energético na hora em que passamos nos exercitando, mas também em todas as 24 horas do dia, principalmente nos momentos em que estamos parados.

O treino de musculação, quando comparado a uma corrida ou outro exercício aeróbico, tem um benefício muito maior no metabolismo basal. É treinando **hipertrofia** – isso mesmo, caro leitor, – que perdemos gordura e melhoramos nossa composição corporal. A atividade aeróbica apenas complementa o processo!

Faltava para a Flávia a filosofia de treino apreendida com meu mestre Waldemar Guimarães: INTENSIDADE TOTAL! Ela vai além da dorzinha ou daquilo que nosso psicológico pensa ser o limite. Comecei a treiná-la para que depois ela conseguisse treinar sozinha. Passamos a não contar mais as repetições, mas a ter o *feeling* para as séries. A ideia era chegar ao limite e na real falha muscular. Aos poucos, ela foi aprendendo a ter o chamado "instinto de treino". Como boa aluna, pegou muito rápido. Talvez o sucesso da Flávia tenha sido descobrir que o prazer do resultado não está somente em atingi-lo, mas sim em aprender a curtir essa trajetória e esse estilo de vida.

Você, leitor, independentemente do seu objetivo, treine com intensidade! Imagine uma longa piscina que você precisará atravessar por baixo d'água. Você estará em contato novamente com o mundo apenas depois de chegar à outra ponta. Assim deve ser seu treino de musculação! Você só entrará em contato com o mundo depois de terminá-lo. Não converse; deixe o celular guardado; esqueça por um tempo os problemas pessoais; esteja sempre focado; treine com consciência corporal; visualize e sinta o músculo trabalhado; concentre-se para não dissipar toda a energia em outro canal. Treine com a **mente**, esqueça o **ego**, procure um bom treinador e otimize seu tempo!

Eduardo Barreto Osti, educador físico e *personal trainer*

8º Milagre – 60 kg de gordura a menos

Dividindo meus treinos entre São Paulo e Londrina, finalmente alcancei os tão sonhados 15% de gordura corporal. Naturalmente, já pensava em baixar a meta para 14%. O resultado eu não via na balança; o espelho é o meu verdadeiro inquisidor e amigo. Ainda não tenho gominhos na barriga, mas acredito que daqui a um ano eles vão começar a aparecer. O mais curioso é que não consigo reconhecer essa mulher obesa das fotos. Meu cérebro também ainda não se acostumou com o meu novo tamanho. Olho uma roupa na vitrine, peço um determinado número, achando que vai servir, e às vezes tenho que pedir outra peça *menor*. É estranho, estou me adaptando às novas formas, mas é muito bom.

Com o *personal trainer* Cezar Grecco,
depois do treino, em São Paulo.

Longe de qualquer neurose, sempre planejo minhas refeições. Não fico contando calorias, mas sempre penso no que devo ou não comer. Sou outra pessoa, por dentro e por fora.

Para quem chegou até aqui e concluiu que o meu emagrecimento foi fácil porque posso pagar nutricionista, treinador, comprar suplementos etc., só tenho a dizer que as minhas dificuldades não foram diferentes das de quem decide passar por uma cirurgia bariátrica, emagrecer sozinho ou tomar medicamentos. Toda pessoa que vence a obesidade mórbida merece o meu respeito e admiração. O excesso de peso é uma epidemia, um problema gravíssimo de saúde pública. Gera sofrimento, doenças e grandes traumas emocionais.

Precisei de muita força de vontade para atingir meu objetivo. Minha intenção com este livro é contar a minha experiência para quem está começando uma dieta ou precisa de estímulo para continuar. Os profissionais que me ajudaram foram, sim, fundamentais, mas quem teve que passar por tudo foi eu. Tive que fazer escolhas, definir prioridades. Quais são as suas?

De nada adianta a pessoa comer tudo o que quer de sexta a domingo e tomar *whey protein* no restante da semana. Acreditem ou não, eu já vi uma garota comendo coxinha com *whey*! É ou não é jogar dinheiro fora? Se você não tem dinheiro para comprar suplementos, capriche na alimentação, faça as melhores escolhas, caminhe ao ar livre e, principalmente, não seja vítima das circunstâncias. Quando comecei a dieta, alguém me disse: "Flávia, você tem genética de gordo, não vai conseguir emagrecer". Hoje, essa mesma pessoa diz: "Nossa, a sua genética é boa, hein!". Haja paciência! Eu não mudei a minha genética. Mudei a cabeça, minha relação com a comida e, principalmente, meus hábitos. Também não deixo certos comentários barrarem meus objetivos.

Valeu a pena? Sim! Consegui provar para mim que a preocupação com a saúde e com a estética **não** são coisas de gente desocupada. É possível trabalhar, cuidar da casa, da família, sem descuidar da alimentação e "matar" a academia. É claro que precisei mexer muito na minha rotina, mas nenhuma concessão pode ser comparada ao sofrimento de ser obesa. Quem acompanhou o meu emagrecimento sabe como me esforcei, suei, dediquei e coloquei todas as minhas forças para alcançar meu objetivo. Cheguei onde eu queria. Na verdade, acho até que fui um pouco além e conquistei um corpo que nunca sonhei ter.

Quando alcancei os 15% de gordura, em dezembro de 2013, conversei com o Rodolfo sobre a minha preocupação em "pensar magro" e acabei concluindo que a dieta sozinha não muda nada, e sim a coragem em assumir que precisamos controlar a vida inteira o "pensar gordo". É o autoconhecimento e a temperança em utilizá-lo que provocam a verdadeira mudança. Mesmo quem "pensa magro" pode ter vários problemas de saúde em decorrência da má alimentação. Comer pouco ou sempre de forma contida não significa que a pessoa coma bem. Na maioria das vezes, é justamente o contrário. Há pessoas cuja alimentação é baseada em pão com manteiga e, mesmo assim, são magras. Mas será que são saudáveis?

É o pensamento que manda em tudo. Seja para iniciar uma grande mudança, seja para manter suas conquistas, tudo é comandado pela nossa própria vontade, coragem e atitude. Quando digo que continuo com "cabeça de gordo" é porque ainda tenho um prazer imenso em comer. Fico feliz quando fujo da dieta, mas hoje não me sinto culpada por isso. Eu estou no controle. Decido quando vou comer alguma coisa diferente e o momento de parar por me sentir satisfeita, e esse é um sentimento que eu não conhecia porque comia sem pensar e não sentia prazer no que estava fazendo. Sempre faltava alguma coisa, sempre queria mais ou me sentia culpada por comer em excesso. Espero que a minha experiência, tudo o que contei neste livro, estimule outras pessoas a começarem uma verdadeira mudança em suas vidas.

Quem faz o milagre é você, sua intensidade de treino e dieta. Ainda é cedo para dizer que venci a obesidade, mas hoje tenho certeza de que sou muito mais forte do que ela. Uma nova história começa agora. Era uma vez uma menina gordinha que cresceu, entendeu que a vida é feita de escolhas e, enfim, começou uma segunda-feira de verdade...

> A temperança é essa moderação pela qual permanecemos senhores de nossos prazeres, em vez de seus escravos. É o desfrutar livre, e que, por isso, desfruta melhor ainda, pois desfruta também sua própria liberdade. (...) Prazeres mais puros, porque mais livres. Mais alegres, porque mais bem controlados. Mais serenos, porque menos dependentes. É fácil? Claro que não. É possível? Nem sempre, sei do que estou falando, nem para qualquer um. É nisso que a temperança é uma virtude, isto é, uma excelência: ela é aquela cumeada, dizia Aristóteles, entre os dois abismos opostos da intemperança e da insensibilidade, entre a tristeza do desregrado e a do incapaz de gozar entre o fastio do glutão e o do anoréxico. Que infelicidade suportar seu corpo! Que felicidade desfrutá-lo e exercê-lo! (André Comte-Sponville)[1]

---

[1] A temperança. In: *Pequeno Tratado das Grandes Virtudes*. São Paulo: Martins Fontes, 1999. Trad. Eduardo Brandão.

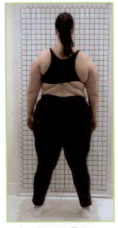
Avaliação física.

Um ano e quatro meses depois.

Sem palavras.

Redescobrindo a cintura.

E pensar que nessa foto
já havia emagrecido...

Sei que ainda tenho uma longa jornada
para alcançar o corpo que quero, mas
também sei o principal: que posso!

PARTE 3

RECEITAS

Flávia Zonaro

Essas receitas foram criadas de acordo com o meu desejo de comer coisas diferentes, principalmente nos fins de semana. Por causa delas vivo e continuarei vivendo em dieta.

Muitas receitas são perfeitas para variar o cardápio do dia a dia; algumas apenas para momentos especiais, quando você quer sair da dieta sem abrir mão da qualidade nutricional do que vai comer. Continuo reunindo minha família e meus amigos em torno de mesas fartas. A diferença está apenas na composição e na qualidade nutricional de cada prato, mas o sabor é sempre bom!

Gosto sempre de falar que faço dieta, pois esta é para todos os dias da vida, e não o regime, que é sazonal e nunca dá resultado duradouro. Por isso, a ideia é manter o pensamento focado na alimentação saudável, sempre se preocupando com a boa composição do prato. Dessa forma, quando você, eventualmente, tiver vontade de comer algo fora de sua dieta, terá muitos créditos sobrando para comer o que desejar, sem peso na consciência.

Outro ponto interessante é que durante todo o processo não me preocupei em contar as calorias, mas com a qualidade do que era ingerido. Muitas das receitas deste livro são, sim, calóricas, mas com ótimo valor nutricional. O segredo é saber a quantidade e o momento certo de comer cada uma dessas delícias.

Em relação às quantidades, cada um terá de adaptar à sua dieta e/ou necessidade, pois algumas receitas foram pensadas para dividir e montar marmitinhas para a semana toda, outras são para festas, eventos ou reuniões com amigos.

Por fim, muito cuidado para não sabotar o seu programa de emagrecimento. Nada de trocar um pouquinho de proteína por mais carboidrato, principalmente se o seu objetivo é perder peso. É por isso que digo que pensar antes de comer é uma atitude que pode fazer toda a diferença no sucesso de um plano alimentar.

Divirta-se e bom apetite!

COMO UTILIZAR AS RECEITAS

Todas as receitas foram feitas pensando em uma pessoa que deseja perder gordura corporal e, por isso, tem uma ingestão menor de carboidratos. Assim, o sinal verde é liberado, ou seja, o que podemos comer nas refeições do dia a dia. As receitas indicadas com sinal amarelo devem ser consumidas com moderação. Já o vermelho é aconselhado somente para os dias em que a vontade de sair da dieta for muito grande.

Quem possuir outros objetivos, como o aumento da massa muscular ou já estiver na fase de manutenção, poderá ingerir uma maior quantidade de carboidratos. Essas pessoas poderão utilizar as receitas amarelas com maior frequência e, eventualmente, as vermelhas.

Vale lembrar que não é porque o alimento é saudável que ele pode ser consumido livremente. Cada pessoa é única e, portanto, tem necessidades nutricionais específicas. Procure um nutricionista antes de começar qualquer dieta e tenha sempre consciência das consequências de suas escolhas.

DOCES

Assado de ricota, batata-doce e canela

Adoro esta receita com sorvete de chocolate e *tofu*. O quente do assado e o gelado do sorvete fazem a combinação perfeita.

Ingredientes

150 ml de claras em neve (6 claras)
150 g de ricota fresca
80 g de batata-doce cozida e amassada
2 colheres de sopa de canela em pó
Adoçante culinário a gosto

Modo de preparo

Misture todos os ingredientes e coloque em formas de silicone pequenas. Asse em forno médio por aproximadamente 30 minutos.

Batata-doce e mirtilos

Sem palavras!

Ingredientes da massa

200 g de batata-doce laranja
20 castanhas-do-pará moídas

Modo de preparo

Misture todos os ingredientes e forre o fundo e as laterais de forminhas de silicone. Leve ao forno médio, preaquecido, por aproximadamente 10 minutos.

Ingredientes do recheio

1 ovo inteiro
60 ml de claras de ovos (2 claras)
100 g de ricota fresca
10 gotas de adoçante
30 mirtilos
30 g de caseína sabor *blueberry*

Modo de preparo

Misture todos os ingredientes e complete as forminhas de silicone. Leve novamente ao forno por aproximadamente 30 minutos.

Cobertura

Geleia de mirtilos sem adição de açúcar.

Batido de ameixa

Receita fácil: um café da tarde perfeito com amigos e sem fugir da dieta. Geladinho é a perfeição!

Ingredientes

150 ml de iogurte de ameixa *light*
100 ml de extrato solúvel (leite) de amêndoas
1 colher de sobremesa de essência de amêndoas
¼ de saquinho de suco em pó, sem açúcar, sabor abacaxi com gengibre
2 colheres de sopa (cheias) de queijo *cottage*
40 g de *whey protein* sabor baunilha
30 g de caseína sabor baunilha
6 cubos de gelo
Amêndoas moídas para salpicar a gosto

Modo de preparo

Bata todos os ingredientes no liquidificador por aproximadamente 3 minutos. Coloque em um copo, salpique as amêndoas e aproveite o sabor!

Bolinho de banana e castanha-de-caju

Um bolinho saboroso e rápido de fazer.

Ingredientes

2 bananas nanicas
1 colher de sopa de canela em pó
2 colheres de sopa de castanhas-de-caju moídas
80 ml de claras de ovos (3 claras)
1 ovo inteiro
1 colher de sobremesa de fermento
30 g de *whey protein* sabor baunilha
Adoçante culinário a gosto

Modo de preparo

Misture todos os ingredientes. Coloque em pequenas formas de silicone e leve ao forno preaquecido por aproximadamente 30 minutos.

Bolinho de chuva proteico

Ingredientes da massa

1 ovo inteiro
1 colher de sopa de adoçante culinário
1 caixa de creme de leite de soja
1 colher de sopa de fermento
30 g de *whey protein* sabor baunilha
3 colheres de sopa (cheias) de amaranto
1 colher de café de cardamomo em pó
1 colher de café de canela em pó

Ingredientes da cobertura

100 ml de extrato solúvel (leite) de soja sem açúcar
100 g de castanhas-do-pará moídas (opcional)
2 colheres de sopa de canela em pó

Foram incontáveis as tardes comendo bolinho de chuva com a família! Esta receita não poderia faltar. Para acompanhá-la, que tal um chá de capim--santo com umas gotinhas de limão? Delícia!

Modo de preparo

Numa tigela, bata o ovo. Acrescente o creme de leite, o adoçante, o cardamomo e a canela. Misture a *whey protein* e por último o amaranto, em quantidade suficiente para que a massa fique pegajosa.

Unte levemente uma assadeira e, com o auxílio de uma colher, faça bolinhas de massa, deixando uma distância entre elas. Asse em forno médio preaquecido por aproximadamente 30 minutos.

Passe os bolinhos assados no extrato de soja e, após isso, nas castanhas-do-pará moídas. Por fim, salpique canela em pó sobre os bolinhos. Quem desejar pode apenas passar no extrato de soja e salpicar a canela. Assim, eles ficarão menos calóricos.

Bolo de banana

Ingredientes

- 1 ovo inteiro
- 2 claras de ovos
- 2 colheres de sopa de óleo de coco
- 50 ml de extrato solúvel (leite) de soja sem açúcar
- 2 colheres de sopa de aveia
- 30 g de caseína sabor banana
- 1 colher de sopa de fermento
- 1 colher de sopa de adoçante culinário
- 2 bananas médias

Esta foi minha escapadela da dieta nas sextas à noite! Esse era o dia em que eu sempre comia algo diferente. Putz, Rodolfo, nunca te contei, né? Mas a verdade vai aparecendo. E pensar que um dia eu diria que fugi da dieta porque comi aveia e banana... Milagres acontecem!

Modo de preparo

Misture os ingredientes e coloque em uma assadeira. Asse em forno quente, por aproximadamente 20 minutos.

Bolo de banana com mirtilos

Ingredientes

1 banana nanica amassada
2 claras de ovos
100 g de iogurte grego zero açúcar
2 colheres de sopa de quinoa
60 g de *whey protein* sabor banana
2 colheres de sopa de adoçante culinário
1 colher de sopa de fermento
1 colher de sobremesa (rasa) de bicarbonato de sódio
50 g de mirtilos congelados

Sempre a banana para acalmar aquela vontade de comer doces e um pouco de mirtilo para enriquecer com antioxidantes! Quem não achar mirtilo pode colocar qualquer outra fruta vermelha.

Modo de preparo

Misture primeiro todos os ingredientes líquidos e bata bastante. Acrescente os demais ingredientes, deixando por último o fermento e os mirtilos. Asse em forno quente por aproximadamente 15 minutos, se usar formas individuais pequenas. Para formas grandes, o tempo de cozimento aproximado é de 40 minutos.

Bolo de batata-doce

Ingredientes

30 g de *whey protein* sabor *cake batter*
30 g de caseína sabor banana
500 g de batata-doce
100 ml de claras de ovos (4 claras)
1 colher de sopa de adoçante culinário
1 colher de sopa de fermento
150 ml de extrato solúvel (leite) de soja sabor banana
100 g de amêndoas laminadas torradas
1 colher de sopa de essência de amêndoas

Quando fiz essa receita havia duas pessoas trabalhando em casa para instalar alguns equipamentos. O aroma começou a tomar o apartamento e acabei oferecendo o bolo. Estava apavorada, porque era um bolo de dieta sendo oferecido para pessoas que não pensavam nisso. Mas eles adoraram! Fiquei tão feliz!

Modo de preparo

Misture todos os ingredientes e coloque em uma forma levemente untada com óleo de canola ou óleo *spray*. Asse em forno médio, preaquecido, por aproximadamente 45 minutos.

Bolo de batata-doce e amêndoas

Ingredientes

30 g de amêndoas laminadas torradas

50 g de batata-doce roxa

100 g de creme de leite de soja

30 g de *whey protein* sabor banana

1 colher de sobremesa de essência manteiga

1 colher de sobremesa de essência de maçã

Sem palavras! Esse bolo é muito cremoso, um perfeito lanche da tarde.

Modo de preparo

Misture todos os ingredientes e coloque a massa em uma forma levemente untada com óleo *spray* ou óleo de canola. Leve ao forno médio, preaquecido, por aproximadamente 35 minutos.

Bolo de cacau e beterraba

Como diria o Rodolfo, esse é o pulo do gato! Totalmente dentro de qualquer dieta e delicioso.
É ou não é uma bênção?

Ingredientes do bolo

170 ml de claras de ovos (7 claras)
2 colheres de sopa de cacau em pó
100 g de pó proteico (*whey protein*, proteína da carne, *mix* proteico ou caseína) sabor chocolate
100 g de beterraba cozida
40 g de iogurte natural desnatado
1 colher de sopa de fermento
2 colheres de sobremesas de adoçante culinário
2 colheres de sopa de amaranto

Ingredientes da cobertura

30 g de caseína sabor chocolate
5 gotas de adoçante
3 colheres de sopa de extrato solúvel (leite) de soja sem açúcar

Modo de preparo

Bata todos os ingredientes do bolo no liquidificador, adicionando o fermento por último.

Coloque a massa em formas levemente untadas. Leve ao forno preaquecido para assar por aproximadamente 20 minutos. Misture os ingredientes da cobertura e despeje sobre os bolinhos assados.

Bolo de cará e coco

Ingredientes

150 g de cará cozido e amassado

2 ovos inteiros

2 claras de ovos

2 colheres de sobremesa de adoçante culinário

40 g de albumina sabor baunilha

8 colheres de sopa de coco ralado sem açúcar

1 colher de sopa de fermento

1 xícara de chá de farinha de trigo integral

200 g de iogurte grego zero açúcar

Fica super cremoso. Adoro!
A mandioca usada no lugar do cará também é uma opção.

Modo de preparo

Misture todos os ingredientes e coloque em uma forma levemente untada com óleo e farinha. Asse em forno preaquecido por aproximadamente 50 minutos.

Bolo de cenoura

Ingredientes

100 g de cenoura ralada
60 g de *whey protein* sabor *cake batter*
1 ovo inteiro
1 colher de sopa de óleo de coco

Modo de preparo

Misture todos os ingredientes e coloque em pequenas formas de silicone. Leve ao forno médio, preaquecido, por aproximadamente 20 minutos.

Como é fácil de fazer! Usei muito nas situações de emergência, naqueles momentos em que não conseguimos ficar sem um docinho.

Bolo de chocolate e creme de pistache

Ingredientes do bolo

2 colheres de sopa de óleo de coco
1 colher de sopa de adoçante
1 ovo inteiro
1 clara de ovo
1 colher de sopa de cacau em pó
30 g de *whey protein*
50 ml de extrato solúvel (leite) de soja
  sem açúcar
1 colher de sopa de essência
  de baunilha
1 xícara de chá de farinha de trigo
1 colher de sopa de fermento

Quando minha
dieta estava mais
restritiva, às vezes eu
fazia apenas o creme
para matar a vontade
de comer doce. Fica
uma delícia gelado!

Modo de preparo

Bata todos os ingredientes, começando pelos ovos. Coloque a mistura em formas de silicone e leve o bolo para assar em forno baixo, preaquecido, por aproximadamente 35 minutos.

Ingredientes do creme

150 ml de água
80 g de farinha de pistache
30 g de *whey protein* sabor baunilha
2 colheres de sopa de pó para pudim (sabor leite condensado)
Adoçante a gosto

Modo de preparo

Misture os ingredientes em uma panela e leve ao fogo baixo por aproximadamente 2 minutos ou até ficar cremoso.

Bolo de limão

Ingredientes

250 ml de claras em neve (9 claras)

60 g de *whey protein* sabor baunilha

Suco de 2 limões

2 colheres de sopa de gelatina *diet* de limão

3 colheres de sopa de adoçante culinário

150 g de amaranto

50 ml de óleo de canola

30 g de farinha de castanha-de-caju

1 colher de sopa de fermento

O legal desse bolo é ser zero açúcar. O sabor do limão nos doces é muito bom!

Modo de preparo

Bata todos os ingredientes em batedeira e deixe o fermento por último. Coloque em forma untada com óleo e farinha. Asse em forno preaquecido por aproximadamente 45 minutos.

Bolo de mirtilo

Amo mirtilos. Sua combinação com a caseína de *blueberry* ficou divina!

Ingredientes

1 pote de iogurte natural desnatado
2 colheres de sopa de óleo de coco
1 ovo inteiro
100 ml de claras de ovos (4 claras)
1 colher de sopa de fermento
1 colher de sobremesa (rasa) de bicarbonato de sódio
2 colheres de sopa de adoçante culinário
30 g de caseína sabor *blueberry cream*
30 g de *whey protein* sabor banana
50 g de mirtilos congelados

Modo de preparo

Misture primeiro todos os ingredientes líquidos e bata bastante. Acrescente os demais ingredientes, deixando por último o fermento e os mirtilos. Asse em forno preaquecido por aproximadamente 15 minutos, se usar formas individuais pequenas. Para formas grandes o tempo de cozimento aproximado é de 40 minutos.

Ingredientes da cobertura (opcional)

50 g de mirtilos

50 ml de água

Adoçante a gosto

Modo de preparo

Misture todos os ingredientes e leve ao fogo brando até atingir o ponto desejado para a calda.

Bolo de morango e amora

Ingredientes

2 caixas de morangos frescos

100 g de amoras

20 g de pó proteico (*whey protein*, proteína da carne, *mix* proteico ou caseína) sabor chocolate

3 colheres de sopa de farinha de amaranto

4 colheres de sopa de farinha de aveia

120 g de caseína sabor morango

2 colheres de sopa de óleo de coco

1 colher de sopa de farinha de linhaça

1 colher de sopa de essência de morango

1 colher de sopa de fermento

1 banana picada para a cobertura

2 colheres de sopa de queijo *cottage*

Costumo fazer esse bolo quando recebo visitas, pois sempre agrada. Ele é bastante calórico quando comparado com as demais receitas. Quem está querendo perder peso tem que consumir com cautela!

Modo de preparo

Bata todos os ingredientes no liquidificador, menos a amora e a banana. Depois misture a amora, mas sem bater. Coloque em forma levemente untada com óleo e farinha e cubra com a banana. Leve ao forno médio, preaquecido, por aproximadamente 50 minutos.

Bolo simples de amendoim

Ingredientes

1 colher de pasta de amendoim
(ou 2 colheres de sopa de
amendoim moído)
1 ovo inteiro
1 clara de ovo
30 g de pó proteico (*whey protein*,
proteína da carne, *mix* proteico
ou caseína) sabor chocolate
1 banana nanica amassada
1 colher de sobremesa de
adoçante culinário
1 colher de sobremesa de
essência de rum
1 colher de sobremesa de fermento

Esse bolinho não fica muito bonito (tadinho! rsrs), mas é muito gostoso. Para quem fizer no micro-ondas, a dica é não deixar muito tempo, pois ele pode ficar muito seco (um minuto e meio, em geral, já é suficiente).

Modo de preparo

Misture todos os ingredientes, coloque em pequenas formas de silicone e leve ao forno médio/alto por 15 minutos.

Brevidade

Ingredientes

2 colheres de sopa de óleo de coco

2 ovos inteiros

100 ml de claras de ovos (4 claras)

5 colheres de sopa de xarope de agave

60 g de *whey protein* sabor chocolate

Modo de preparo

Misture todos os ingredientes e coloque em formas de silicone. Leve ao forno médio, preaquecido, por aproximadamente 30 minutos.

Receita superfácil. Uma delícia para comer com café preto! Costumo deixar algumas delas congeladas para situações de emergência, do tipo "preciso de um docinho".

Brigadeiro de inhame e cacau

Ingredientes

400 g de inhame cozido
1 caixa de creme de leite de soja
60 g de caseína sabor chocolate
30 g de *whey protein* sabor chocolate
4 colheres de sopa de adoçante culinário
4 colheres de sopa de cacau em pó
3 colheres de sopa de xarope de agave
5 colheres de sopa de extrato (leite) de soja em pó
400 ml de água
30 g de chocolate sem açúcar ralado
Óleo em *spray* sabor manteiga para untar

Esta é minha receita predileta! Totalmente dentro da dieta, salvo para quem está com muita restrição de carboidratos. Acaba com a vontade de comer doces e tem uma aparência linda!

Modo de preparo

Bata o inhame no liquidificador com a água e reserve.
Unte uma panela com óleo em *spray* sabor manteiga e acrescente o inhame batido e os demais ingredientes. Deixe cozinhar em fogo baixo até que comece a soltar do fundo da panela. Coloque em pequenos potinhos e salpique o chocolate ralado. Leve à geladeira por aproximadamente 30 minutos.

Café proteico

Adoro café! Ele se tornou praticamente uma sobremesa para mim. Via as pessoas tomando cafés *gourmet* e eu não podia, então resolvi criar o meu!

Ingredientes

200 ml de café sem açúcar
30 g de *whey protein* sabor baunilha
1 colher de sopa de adoçante culinário (a gosto)
2 claras em neve
1 colher de sopa de creme de leite de soja (opcional)

Modo de preparo

Bata as claras em neve e adicione o adoçante e a *whey protein*. Após isso, adicione o creme de leite.

Coloque três colheres do creme obtido no fundo da taça e cubra com aproximadamente 100 ml de café. Complete a taça com mais uma colher do creme e salpique cacau em pó.

Casadinho de chocolate

Esta receita é um pouco difícil de fazer, mas muito legal para festas.

Ingredientes da massa

100 ml de claras em neve (4 claras)
60 g de albumina em pó sabor chocolate
3 colheres de sopa de adoçante culinário

Modo de preparo

Misture todos os ingredientes e coloque em formas com papel próprio para forno. Com uma colher de sopa distribua em círculos, sempre deixando espaço entre eles. Quem tiver formas para biscoito pode usar como molde.

Ingredientes do recheio

100 g de chocolate zero açúcar e zero lactose
50 g de creme de leite de soja
2 colheres de sopa de pasta de amendoim
Lascas de amendoim a gosto (opcional)

Modo de preparo

Derreta o chocolate no micro-ondas por 1 minuto. Acrescente o creme de leite de soja e a pasta de amendoim.
Passe o recheio nas rodelinhas de massa assadas. Se desejar, salpique adoçante culinário misturado com um pouquinho de *whey protein* sobre elas.

Cheese cake de groselhas

Ingredientes da massa

É totalmente possível substituir a farinha de avelã por farinha de amendoim, bem como as amêndoas por castanhas-de-caju picadas. Fica a dica!

150 g de farinha de avelã
30 g de *whey protein* sabor chocolate
3 colheres de sopa de óleo de coco
50 ml de água
30 g de amêndoas laminadas

Modo de preparo

Misture todos os ingredientes e amasse com o auxílio de uma colher até que se forme uma massa uniforme, porém quebradiça.

Ingredientes do creme de limão

150 ml de claras em neve (6 claras)
1 pacote de gelatina *diet* de limão
200 g de ricota fresca sem sal
2 colheres de sobremesa de adoçante culinário
1 colher de sopa de *cream cheese*
60 g de *whey protein* sabor baunilha

Modo de preparo

Bata as claras em neve em ponto bem duro. Acrescente os demais ingredientes e misture devagar.

Ingredientes do creme de groselhas

200 g de groselhas congeladas
2 colheres de sobremesa de adoçante culinário
50 ml de água

Modo de preparo

Em uma panela em fogo baixo, coloque todos os ingredientes e deixe cozinhar até que as groselhas comecem a se desfazer. Deixe no fogo por aproximadamente 10 minutos.

Montagem

Para montar os doces, utilize formas de silicone. Não é necessário untá-las.

Primeiro, coloque a massa quebradiça no fundo, apertando com os dedos ou com uma colher até que fique com aparência lisa, distribuída uniformemente na forma. Preencha com o creme de limão e, por fim, coloque o creme de groselhas.

Cozinhe em forno preaquecido por aproximadamente 25 minutos.

Cheese cake de morango

Variando a cobertura não há limites para o sabor. Quem quiser que a receita fique financeiramente mais viável pode substituir as amêndoas e as castanhas por amendoim.

Ingredientes da massa

60 g de amêndoas fatiadas tostadas
50 g de *whey protein* sabor chocolate branco
80 g de farinha de trigo integral
12 castanhas-do-pará moídas
8 colheres de sopa de óleo de coco
5 colheres de sopa de água filtrada
50 g de aveia em flocos

Modo de preparo

Junte todos os ingredientes numa vasilha e amasse bastante. A massa deve ficar quebradiça. Forre com papel alumínio uma forma de fundo removível e despeje a mistura. Com as mãos ou uma espátula, pressione a massa e preencha o fundo da forma, deixando as bordas mais altas. Asse em forno médio por aproximadamente 15 minutos.

Ingredientes do recheio

60 g de *whey protein* sabor baunilha

1 colher de sopa de essência de amêndoas

1 pote de pasta de ricota *light*

3 colheres de sopa de queijo *cottage*

5 claras de ovos

1 ovo inteiro

2 colheres de sobremesa de adoçante culinário

3 colheres de sopa de ricota fresca

Modo de preparo

Coloque tudo numa vasilha e bata bastante até ficar homogêneo. Despeje o conteúdo sobre a massa já assada e leve ao forno novamente, por aproximadamente 25 minutos.

Ingredientes da cobertura

2 pacotes de gelatina (sabor morango) feitas com a metade da água recomendada na caixa.

Montagem

Após assados a massa e o recheio, deixe esfriar. Corte a gelatina em quadradinhos pequenos e despeje-os sobre a torta. Coloque na geladeira por uma hora.

Dica: após colocar a gelatina picada, adicione sobre o conjunto 10 morangos grandes picados, cozidos em fogo brando com 250 ml de água e algumas gotas de adoçante, até desmancharem.

Compota de batata-*yacon*

Ótima dica: consuma como recheio de panquecas proteicas ou como cobertura quente para sorvete proteico.

Ingredientes

650 g de batata-*yacon*
200 ml de água
1 colher de café de canela
½ colher de café de cardamomo
3 colheres de sopa de adoçante culinário

Modo de preparo

Coloque todos os ingredientes numa panela com fundo grosso e deixe ferver por aproximadamente 20 minutos. O doce deve ficar com consistência cremosa.

Creme de baunilha com gelatina de morango

Ingredientes do creme

1 copo americano de extrato solúvel
(leite) de soja sem açúcar
1 caixa de creme de soja
1 colher de sobremesa de essência de
baunilha
30 g de *whey protein* sabor baunilha
1 pacote de gelatina sem sabor
Adoçante culinário a gosto

Quem estiver com a dieta muito restritiva e não puder usar o creme de leite de soja, pode substituí-lo por duas claras em neve. Fica a dica!

Modo de preparo

Dissolva a gelatina sem sabor em $\frac{1}{4}$ do extrato de soja. Acrescente os demais ingredientes, deixando o creme de leite por último. Distribua em taças e coloque na geladeira. Deixe gelar por uma hora.

Ingredientes da gelatina

1 pacote de gelatina *diet* de morango
Morangos picados a gosto

Modo de preparo

Faça a gelatina conforme descrito na embalagem e acrescente os morangos. Coloque sobre o creme de baunilha e recoloque na geladeira. Deixe gelar por aproximadamente mais uma hora.

Creme de chocolate

Esta receita fica divina! Uso muito nos momentos de tensão, a vontade de comer doces passa rapidinho!

Ingredientes

50 g de chocolate zero açúcar e zero lactose (soja ou cacau)
30 g de proteína isolada de soja em pó sabor chocolate
2 colheres de sopa de pudim *diet* de chocolate
100 ml de água
1 caixa de creme de leite de soja
1 colher de sopa de essência de rum

Modo de preparo

Coloque o chocolate no micro-ondas por aproximadamente 1 minuto. Misture o creme de leite e o rum. Bata a proteína com a água e o pudim. Coloque no micro-ondas por 40 segundos e misture ao chocolate.
Leve à geladeira até atingir a consistência desejada.

Crepe de batata-doce e sorvete de *tofu* e cacau

Dá para acreditar que é rico em proteínas? Uma delícia. Eu gosto do crepe docinho e do sorvete amarguinho. Acho que dessa forma a combinação fica perfeita!

Ingredientes do crepe

1 ovo inteiro
100 ml de claras de ovos (4 claras)
30 g de *whey protein* sabor baunilha
1 colher de sobremesa de adoçante culinário
1 colher de café (rasa) de cardamomo

Modo de preparo

Misture todos os ingredientes e faça os crepes em frigideiras antiaderentes. Divida a massa de maneira que os crepes não fiquem muito grossos.

Ingredientes do sorvete

100 ml de claras em neve (4 claras)

125 g de *tofu* natural amassado

3 colheres de sopa (cheias) de cacau em pó

100 g de avelãs moídas

3 colheres de sopa (cheias) de creme de leite de soja

Adoçante a gosto

Modo de preparo

Bata as claras em neve e acrescente os demais ingredientes. Após isso, deixe na batedeira por aproximadamente 15 minutos. Leve ao congelador por 10 minutos e bata novamente por mais 5 minutos, aproximadamente. Para concluir, leve ao congelador até obter a consistência desejada.

Crocantinho de amêndoas e coco

Pão foi algo que senti muita falta no começo da dieta, pois costumava comer todos os dias. Esta receita é calórica, mas, – de vez em quando – em um café da tarde, junto com um cafezinho, é perfeita!

Ingredientes

60 g de *whey protein* sabor baunilha
10 g de fermento biológico
60 ml de leite de amêndoas
20 g de coco ralado
30 g de amêndoas trituradas
1 colher de sopa de essência de amêndoas
3 colheres de sopa de óleo de coco
100 g de farinha de quinoa
1 colher de sopa de adoçante culinário
60 ml de água morna

Modo de preparo

Em uma tigela, coloque o fermento biológico e a água morna. Misture e deixe agir por 5 minutos. Acrescente os demais ingredientes, utilizando apenas 60 g de farinha de quinoa. Sove bastante a massa com as mãos e deixe descansar por 2 horas.

Espalhe o restante da quinoa em uma superfície lisa. Sove mais um pouco a massa e abra-a com o auxílio de um rolo, deixando-a o mais fina possível. Corte em tirinhas e coloque em forma levemente untada com óleo de canola. Asse em forno médio por aproximadamente 15 minutos.

Delícia proteica de café

Ingredientes

- 30 g de *whey protein* sabor chocolate
- 1 colher de sopa de café solúvel
- 2 colheres de sopa de adoçante culinário
- 100 ml de claras em neve (4 claras)
- 100 g de ricota

Totalmente dentro da dieta. Perfeito para encontro com amigos, todos gostam!

Modo de preparo

Numa tigela bata as claras em neve e acrescente o café solúvel, o adoçante e a *whey protein*. Amasse a ricota e misture as claras, mexendo até que se forme uma massa homogênea.

Coloque em formas pequenas de silicone e leve para assar em forno preaquecido por aproximadamente 25 minutos.

Delícia proteica de limão

Mais uma delícia de limão...

Ingredientes

200 ml de claras em neve (8 claras)
1 caixa de gelatina *diet* de limão
150 g de ricota fresca sem sal
30 g de *whey protein* sabor baunilha
Castanhas-do-pará moídas sobre cada bolinho a gosto (opcional)

Modo de preparo

Misture todos os ingredientes. Coloque em formas pequenas de silicone e leve ao forno preaquecido por aproximadamente 25 minutos.

Donuts de morango

Fácil, rápido e delicioso. Aconselho a não fazer muitos, porque parar de comer é difícil!

Ingredientes

60 g de farinha de quinoa
15 g de adoçante culinário
30 g de *whey protein* sabor morango
1 ovo inteiro
2 colheres de sopa de óleo de coco
1 colher de sopa de fermento
½ colher de café (rasa) de sal
50 ml de extrato solúvel (leite) de soja sem açúcar
1 colher de sopa de *syrup* (sem açúcar) ou xarope de agave
1 colher de sopa de canela

Modo de preparo

Misture todos os ingredientes e coloque em formas para *donuts* ou formas para bolo pequenas. Asse em forno médio, preaquecido, por aproximadamente 20 minutos.

French toast de banana e canela

Muito bom para uma refeição rapidinha. Aqui, o cuidado é para quem não pode ingerir muito carboidrato.

Ingredientes

3 fatias de pão integral
1 ovo inteiro
80 ml de claras de ovos (3 claras)
Adoçante culinário a gosto
2 bananas nanicas
1 colher de sopa de canela em pó
1 colher de sopa de *whey protein* sabor baunilha
60 ml de água filtrada

Modo de preparo

Bata o ovo e as claras até formar uma espuma branca espessa. Adicione o adoçante e molhe as fatias de pão nessa mistura. Unte levemente uma forma e coloque os pães. Despeje o restante da mistura de ovo sobre os pães e asse em forno médio por aproximadamente 20 minutos.

Em uma panela, em fogo baixo, coloque as bananas picadas usando metade da água (30 ml) e deixe até que comecem a derreter. Desligue o fogo, adicione a *whey protein* diluída no restante da água e misture. Coloque sobre as torradas e finalize com a canela em pó.

Gelado de abacaxi

Ingredientes

30 g de *whey protein* sabor baunilha

150 ml de extrato (leite) de soja sabor coco, zero açúcar

30 g de coco ralado

2 pacotinhos de gelatina *diet* de abacaxi

1 fatia de abacaxi picada (opcional)

100 ml de água morna

4 claras em neve

Coco ralado para salpicar a gosto

Quem tiver mais limitações na ingestão de carboidratos pode excluir a fatia de abacaxi da receita sem qualquer prejuízo.

Modo de preparo

Dissolva a gelatina na água morna. Acrescente o extrato de soja. Misture os demais ingredientes e leve à geladeira por aproximadamente duas horas. Salpique o coco ralado sobre as taças antes de servir.

Gelatina *cheese cake*

Ingredientes

1 caixa de gelatina *diet* sabor goiaba

1 colher de sopa de essência de goiaba ou 30 g de polpa de goiaba congelada

1 caixa de creme de leite de soja

1 pacote de gelatina sem sabor

1 colher de sopa cheia de *cream cheese light*

300 ml de água morna

Coco ralado ou amêndoas trituradas para cobrir a gosto

Quem não puder usar *cream cheese* pode substituir por ricota. Se não puder usar queijo, coloque apenas mais 40 ml de água.

Modo de preparo

Dissolva a gelatina de goiaba em 250 ml de água morna. Acrescente a essência ou a polpa de goiaba. Misture tudo e leve à geladeira por aproximadamente duas horas (a gelatina deve ficar bem durinha para ser cortada).

Dissolva a gelatina sem sabor em 50 ml de água morna e acrescente o creme de leite e o *cream cheese light*.

Corte a gelatina de goiaba em cubinhos e coloque numa taça. Complete a taça com a mistura de *cream cheese light* e, por fim, cubra com coco ralado ou amêndoas trituradas.

Massa básica para *waffle*

Ingredientes

½ batata-doce média cozida e amassada

100 ml de claras de ovos (4 claras)

2 ovos inteiros

50 g de *whey protein* sabor baunilha

1 colher de sopa de adoçante culinário
(pode ser em gotas também)

1 colher de sopa de óleo de coco

Quem quiser que o *waffle* seja proteico pode fazer em casa. A textura do *waffle* com proteína fica um pouco diferente, mas só experimentando para saber se gosta.

Modo de preparo

Misture todos os ingredientes. A massa não pode ficar muito mole. Caso necessário, coloque um pouco mais de *whey protein* ou batata-doce.

Coloque em uma máquina de *waffle* e deixe assar.

Panetone recheado

O Natal não seria o mesmo sem um panetone. O segredinho aqui é não colocar muita cobertura, aí dá para comer mais! rsrs

Ingredientes

1 copo americano de farinha de trigo integral
60 g de *whey protein* sabor baunilha
2 colheres de sopa de farinha de castanhas-do-pará
8 colheres de sopa de amaranto
2 colheres de sopa de cacau em pó
2 ovos inteiros
1 clara
200 ml de água morna
1 colher de sopa de essência de panetone
1 colher de sobremesa de essência de amêndoas
1 colher de café de essência de manteiga
8 colheres de sopa de óleo de coco
30 g de fermento biológico

Modo de preparo

Coloque o fermento em uma tigela e adicione a água morna. Deixe por 5 minutos. Acrescente todos os ingredientes líquidos e misture para que a massa fique homogênea. Acrescente a *whey protein*, o amaranto, o cacau e a farinha de castanha. Acrescente a farinha integral aos poucos, até que a massa fique pegajosa. Coloque em formas para panetone e asse em forno médio, preaquecido, por aproximadamente 25 minutos.

O tempo de cozimento varia conforme o tamanho da forma escolhida.

Panqueca de batata-doce com creme de baunilha e amoras

Ingredientes da panqueca

1 batata-doce roxa (aproximadamente 100 g)

1 copo americano de extrato solúvel de soja

1 colher de café (rasa) de sal

2 colheres de sopa de farelo de aveia

2 colheres de sopa de farinha de trigo
   integral

1 colher de sopa de fermento

Muito rápida de preparar e fica deliciosa! Quem preferir facilitar pode comprar geleia pronta sem adição de açúcar.

Modo de preparo

Bata no liquidificador todos os ingredientes.

Faça panquecas em frigideira antiaderente. A medida deve ser equivalente, aproximadamente, a uma concha grande para cada panqueca.

Ingredientes do creme de baunilha

60 g de *whey protein* sabor baunilha

1 caixa de pudim *diet* sabor baunilha

300 ml de água

1 colher de sobremesa de essência de baunilha

3 claras em neve

Modo de preparo

Dissolva o pudim na água. Leve ao fogo brando por aproximadamente 5 minutos para ganhar cremosidade. Desligue o fogo e acrescente a *whey protein*, as claras e a essência.

Reserve para colocar sobre as panquecas.

Ingredientes da geleia de amoras

400 g de amoras
2 colheres de sopa de adoçante culinário
100 ml de água

Modo de preparo

Leve todos os ingredientes ao fogo brando e deixe ferver até atingir a consistência desejada.

Montagem

Em um prato, dobre a panqueca ao meio, coloque duas colheres de sopa bem cheias de creme e depois uma colher de sopa de geleia.

Panqueca de cará com *syrup* de framboesa

Esta foi a receita que mais gostei. Fácil e gostosa!

Ingredientes

450 g de cará cozido
1200 ml de água
90 g de caseína sabor baunilha
3 ovos inteiros
2 claras de ovos
2 colheres de sopa de óleo de coco
2 colheres de sopa de farinha integral
2 colheres de sopa de aveia
1 colher de sopa de linhaça dourada
1 colher de sopa de adoçante culinário
Syrup de framboesa sem açúcar a gosto
2 colheres de sopa de pasta de ricota

Modo de preparo

Bata o cará no liquidificador com a água. Acrescente a caseína, os ovos, as claras, o óleo de coco, a farinha, a aveia, a linhaça e o adoçante. Misture tudo até que fique uma massa homogênea.

Unte levemente uma frigideira e faça as panquecas (uma concha de massa para cada panqueca).

Após todas as panquecas prontas, coloque-as em camadas, passando a pasta de ricota no meio de cada uma. Por fim, cubra com o *syrup*.

Pão de amêndoas

Ingredientes

10 g de fermento biológico

150 ml de extrato (leite) de amêndoas morno

2 colheres de sopa de adoçante culinário

300 g de farinha de quinoa

30 g de amêndoas trituradas

1 ovo inteiro

3 colheres de sopa de óleo de coco

30 g de pó proteico (*whey protein*, caseína, proteína da carne ou *mix* proteico)

1 colher de sopa de essência de amêndoas

Esse pãozinho é docinho! Uma delícia para comer com diversos chás. A dica é não deixar demais no forno para não ficar seco.

Modo de preparo

Dissolva o fermento biológico no extrato de amêndoas morno. Deixe descansar por 10 minutos. Acrescente os demais ingredientes, reservando 50 g de farinha de quinoa. Sove bastante a massa com as mãos e deixe descansar por 2 horas.

Polvilhe uma superfície lisa com o restante da quinoa e sove novamente. Divida a massa em bolinhas e coloque-as em uma assadeira levemente untada com óleo e farinha, deixando espaço entre elas. Deixe crescer por 2 horas.

Asse em forno médio preaquecido por aproximadamente 50 minutos.

Pavê de *brownie*

Ingredientes do *brownie*

4 claras de ovos

60 g de pó proteico (*whey protein*, caseína, proteína da carne, *mix* proteico) sabor chocolate

5 colheres de sopa (rasas) de cacau

4 colheres de sopa (rasas) de amaranto

3 colheres de sobremesa de adoçante culinário

1 copo de iogurte natural desnatado (190 g)

30 g de caseína sabor chocolate

1 colher de sopa de fermento

1 colher de sopa de pasta de amendoim

5 castanhas-de-caju moídas

> Fiz esse pavê algumas vezes para levar aos amigos. Sempre foi bem recebido!

Modo de preparo

Misture tudo até ficar homogêneo e formando bolhas. Unte levemente uma forma, despeje a massa e coloque em forno médio, preaquecido, para assar por aproximadamente 40 minutos.

Ingredientes do creme

1 caixa de pudim *diet* sabor leite condensado

200 ml de extrato (leite) de macadâmia (também pode ser de soja ou de amêndoas)

30 g de *whey protein* sabor baunilha

1 colher de sopa de essência de amêndoa

Montagem

Em uma tigela grande ou em recipientes individuais, espedace o *brownie* e depois acrescente o creme.

Para concluir, salpique com a farinha de 5 castanhas-de-caju moídas.

Pavê maromba

O segredo aqui é colocar em tacinhas pequenas, para sempre ter um docinho. Mas não vale comer várias tacinhas seguidas, hein?

Ingredientes

10 *cookies diet* de castanhas-do-pará e damasco integrais
100 g de passas sem sementes
1 caixa de pudim *diet* sabor baunilha
120 ml de claras em neve (5 claras)
100 g de chocolate zero açúcar e zero lactose
½ caixa de creme de leite de soja
1 colher de sopa de essência de rum

Modo de preparo

Esfarele os *cookies* no fundo das taças e misture algumas passas. Reserve.
Faça o pudim conforme a embalagem, utilizando metade da quantidade de água solicitada. Misture as claras em neve e despeje sobre os *cookies*. Leve à geladeira para endurecer.
Derreta o chocolate no micro-ondas por aproximadamente 1 minuto. Adicione o creme de leite e, por fim, a essência. Misture bem até formar um creme homogêneo. Coloque-o sobre o creme nas taças e enfeite com passas.

Pudim de amendoim

Só não consegui deixar os furinhos do pudim, mas ficou uma delícia! Há duas opções de cobertura. Você deve pensar no momento certo para cada uma delas.

Ingredientes do pudim

120 ml de claras em neve (5 claras)
2 caixas de pudim de leite condensado zero açúcar
500 ml de extrato solúvel (leite) de soja sem açúcar
30 g de *whey protein* sabor amendoim

Modo de preparo

Dissolva o pó para pudim em 300 ml do extrato de soja e coloque no micro-ondas por 1 minuto e meio. Misture e acrescente os demais ingredientes.

Unte levemente uma forma de pudim com óleo *spray* ou óleo de canola e despeje a massa. Asse em banho-maria no forno preaquecido por aproximadamente 45 minutos.

Aguarde esfriar para desenformar.

Ingredientes da cobertura de chocolate

½ caixa de creme de leite de soja

2 colheres de sopa de cacau em pó

2 colheres de sopa de adoçante culinário

50 g de chocolate sem leite e sem açúcar

Modo de preparo

Derreta o chocolate no micro-ondas em pirex de vidro, por aproximadamente 1 minuto e meio. Misture o creme de leite e mexa bem. Acrescente os demais ingredientes e despeje sobre o pudim.

Ingredientes da cobertura proteica

75 ml de água

2 colheres de sopa de adoçante culinário

20 g de *whey protein* sabor chocolate

1 colher de sopa de cacau em pó

Modo de preparo

Leve todos os ingredientes ao fogo brando até atingir a consistência de calda e despeje sobre o pudim.

Rabanada maromba

Ingredientes

1 ovo inteiro

100 ml de claras de ovos (4 claras)

30 g de *whey protein* sabor baunilha

2 colheres de sopa de canela em pó

1 colher de sopa de essência de rum

3 pães franceses integrais fatiados

Canela e adoçante culinário a gosto

A rabanada é um dos melhores doces natalinos, uma tradição que deve ser mantida. Por que não colocar um pouco de proteína?

Modo de preparo

Bata todos os ingredientes, passe as fatias de pão e coloque-as em uma assadeira. Leve ao forno, preaquecido, por aproximadamente 20 minutos e salpique canela misturada com adoçante culinário para finalizar.

Smoothie de morango

Ingredientes

200 g de polpa de morango congelada
200 g de iogurte grego zero açúcar de morango
20 ml de extrato solúvel (leite) de soja sem açúcar
50 g de caseína sabor morango
1 colher de sopa cheia de ricota sem sal

Refeição intermediária perfeita! Na minha dieta esta não era uma refeição permitida sempre, mas cada um tem que pensar no seu caso.
Para que a receita fique com um menor teor de carboidratos, pode-se usar gelatina de morango no lugar da fruta.

Modo de preparo

Bata tudo no liquidificador, obtendo o *smoothie*.

Montagem da taça

2 colheres de sopa de granola sem açúcar
3 morangos picados

Modo de preparo

Coloque dois morangos picados no fundo da taça. Cubra com o *smoothie*. Coloque a granola e o restante dos morangos.

Torta de maçã

Esta receita é uma boa lembrança de muitos domingos. Não podia faltar!

Ingredientes

60 g de amêndoas fatiadas e tostadas
50 g de *whey protein* sabor chocolate branco
80 g de farinha de trigo integral
12 castanhas-do-pará moídas
8 colheres de sopa de óleo de coco
5 colheres de sopa de água filtrada
50 g de aveia em flocos

Modo de preparo

Junte todos os ingredientes numa vasilha e amasse (a massa deve ficar quebradiça). Forre com papel alumínio uma forma de fundo removível e despeje a mistura. Com as mãos ou uma espátula, pressione a massa para preencher todo o fundo, deixando as bordas mais altas. Coloque em forno médio para assar durante aproximadamente 15 minutos.

Ingredientes do recheio

3 maçãs picadas em pedaços grandes

1 pacote de gelatina sem sabor

60 g de *whey protein* sabor baunilha

1 caixa de creme de leite de soja

50 ml de água

2 colheres de sopa de canela em pó

Adoçante a gosto

Modo de preparo

Em uma panela, coloque a água, a canela e as maçãs para amolecer. Deixe cozinhar por aproximadamente 15 minutos. Acrescente o creme de leite e a *whey protein* e deixe esfriar.

Amoleça a gelatina sem sabor com 5 colheres de sopa de água e coloque no micro-ondas por 10 segundos. Acrescente 3 colheres de sopa de água e misture ao creme de maçã.

Montagem

Depois de frio, coloque o creme de maçã sobre a massa assada da torta e polvilhe canela. Leve à geladeira.

Waffle integral e sorvete de coco

Já imaginou comer *waffle* e sorvete e dizer que está fazendo dieta? Esta foto parece até brincadeira quando pensamos em dieta, mas é verdade!

Ingredientes

2 waffles integrais prontos
4 colheres de sopa (cheias) de coco ralado sem adição de açúcar
½ vidro de leite de coco
125 g de *tofu* natural amassado
120 ml de claras em neve (5 claras)
Adoçante culinário a gosto

Modo de preparo

Para fazer o sorvete, bata as claras em neve e acrescente aos poucos o *tofu*, o coco e, por último, o leite de coco, levando à batedeira por aproximadamente 15 minutos. Leve ao congelador por 10 minutos e bata novamente por mais 10 minutos. Retorne ao congelador até atingir a consistência desejada.

Coloque os *waffles* no forno ou na máquina de *waffle* e deixe assar até atingir o ponto que desejar.

O creme de chocolate é opcional. Dependendo do dia, uso o creme de chocolate do Pavê maromba ou apenas misturo um pouco de *whey protein* sabor chocolate com água e levo ao fogo para encorpar.

Montagem

Coloque o *waffle* quente em um prato e acrescente duas ou três bolas de sorvete. Por fim, cubra com o creme de chocolate.

SALGADOS

Almôndegas de ovo

Ingredientes das almôndegas

1 kg de carne magra moída
1 cebola média passada no
  processador
2 dentes de alho passados no
  processador
½ abobrinha passada no processador
2 colheres de sopa (rasas) de
  linhaça escura (aproximadamente)
Sal e pimenta a gosto

É um pouco mais difícil de fazer que uma almôndega tradicional, mas uma ótima variação.

Modo de preparo

Em uma tigela, junte todos os ingredientes e amasse-os até formar uma massa homogênea.

Ingredientes do omelete

2 ovos inteiros
100 ml de claras de ovos (4 claras)
1 colher de sopa de mostarda sem açúcar
4 colheres de sopa de salsinha e cebolinha

Modo de preparo

Unte levemente uma frigideira e coloque os ovos e as claras. Deixe em fogo baixo. Adicione a salsinha, a cebolinha e a mostarda. Aguarde até que a parte de baixo do ovo esteja dura e a parte de cima já esteja endurecendo. Quebre a mistura e mexa para formar uma aparência de flocos. Desligue o fogo e aguarde esfriar.

Montagem

Abra uma colher de massa de carne nas mãos e recheie com o ovo. Feche com cuidado e coloque em uma assadeira. Asse em forno médio, pre-aquecido, por aproximadamente 50 minutos.

Assado de batata-doce e atum

Ingredientes

Uma boa variação para usar atum!

370 g de batata-doce cozida
1 lata de atum em água
1 colher de café de coentro
20 g de salsinha
1 cebola média
1 tomate
80 ml de claras de ovos (3 claras)
1 ovo inteiro
50 g de cogumelos
1 colher de sobremesa de azeite
1 colher de sobremesa de vinagre balsâmico

Modo de preparo

Em uma frigideira antiaderente, coloque o azeite, o vinagre balsâmico, o tomate, os cogumelos, a cebola e a salsinha. Deixe por 5 minutos e reserve.

Numa tigela misture as claras e o ovo, bata e acrescente a batata-doce amassada, o atum e o coentro. Misture os demais ingredientes e distribua em formas de silicone. Por cima, coloque os cogumelos e os tomates reservados e leve ao forno preaquecido por aproximadamente 40 minutos.

Assado de cará e frango

Muito fácil e gostoso. Muitas pessoas sabem das propriedades nutricionais do cará, mas têm dificuldade em introduzi-lo na dieta!

Ingredientes

750 g de cará cozido
120 ml de claras de ovos (5 claras)
3 colheres de sopa de mostarda em pó
80 g de repolho picado
½ tomate picado
1 cebola média picada
50 g de salsinha
30 g de cebolinha
3 colheres de sopa (cheias) de pasta de ricota
400 g de peito de frango desfiado cozido com mostarda em pó e orégano
1 colher de café de sal
1 colher de sobremesa de noz-moscada
6 cogumelos fatiados para cobrir o assado

Modo de preparo

Amasse o cará e misture os demais ingredientes, deixando os cogumelos e a cebolinha para cobrir o assado.

Coloque a massa em uma assadeira. Cubra com os cogumelos e a cebolinha. Leve ao forno preaquecido por aproximadamente 40 minutos.

Assado de frango zero carbo

Ingredientes da massa de frango

200 g de peito de frango desfiado
cozido em água com ½ pimentão
verde e 4 pimentas cambuci
80 ml de claras de ovos (3 claras)
½ cebola picada
2 colheres de sopa de salsinha
2 colheres de sopa de cebolinha

Dispensa comentários – é PRATICAMENTE ZERO EM CARBOIDRATOS!

Modo de preparo

Misture todos os ingredientes. Reserve.

Ingredientes do creme de ricota

100 g de ricota fresca
2 colheres de sopa de pasta de ricota
40 ml de claras de ovos
Orégano para salpicar sobre os assados

Modo de preparo

Misture todos os ingredientes.

Unte um pirex de porcelana com *spray* de azeite, coloque a massa de frango e, por cima, coloque o creme de ricota e salpique com orégano.

Assado de mandioca

A mandioca é uma excelente opção para fugir um pouco do paladar adocicado da batata-doce.

Ingredientes

50 g de mandioca cozida e amassada
1 colher de sopa de salsinha
1 ovo inteiro
100 ml de claras de ovos (4 claras)
1 colher de sopa de *tofu* defumado
1 colher de café (rasa) de noz-moscada
½ colher de café de pimenta calabresa
Sal a gosto

Modo de preparo

Bata o ovo e as claras até formar uma espuma. Acrescente o *tofu*. Bata novamente e acrescente os demais ingredientes. Coloque em pequenas formas de silicone e asse em forno médio/baixo, preaquecido, por aproximadamente 40 minutos.

Batata-doce especial

Esta receita fiz muito para visitas! Sempre muito bem-vinda!

Ingredientes

100 g de batata-doce cozida e amassada
1 colher de sopa de pasta de ricota
1 colher de sobremesa de mostarda Dijon
Pimenta e sal a gosto
Azeite de oliva para untar

Modo de preparo

Misture a batata, a ricota, a mostarda, a pimenta e o sal. Unte uma frigideira antiaderente com pouco azeite e coloque a mistura. Deixe em fogo baixo por aproximadamente 15 minutos para que forme uma camadinha crocante.

Eu prefiro deixar apenas um lado da batata crocante e o outro cremoso, por isso não viro o lado. Mas vale testar as duas formas!

Batata-doce rosti

Ingredientes

100 g de batata-doce

2 colheres de sopa de pasta de ricota

100 g de filé *mignon* em cubos pequenos

2 palmitos picados

2 colheres de vinagre de vinho branco

Sal e pimenta a gosto

1 ovo inteiro batido

Orégano a gosto

Por que não fazer uma batata-doce mais elaborada?

Modo de preparo

Cozinhe a batata-doce sem deixar amolecer muito, passe no ralador grosso e reserve.

Em uma frigideira antiaderente, coloque o vinagre, sal, pimenta e o filé *mignon*. Deixe dourar. Acrescente os palmitos e reserve.

Unte uma frigideira e coloque a batata-doce. Quebre o ovo por cima e deixe em fogo muito baixo para cozinhar devagar e ficar crocante. Desligue o fogo quando formar uma crosta de batata crocante. Coloque em um prato, passe a pasta de ricota e coloque a carne.

Salpique orégano.

Bolinho de frango e batata-doce

Mais uma variação para o frango com batata-doce!

Ingredientes

150 g de peito de frango cozido e desfiado
1 ovo inteiro
60 ml de claras de ovos (2 claras)
2 colheres de sopa de ricota fresca
2 colheres de sopa de mostarda em pó
1 colher de sopa de manjericão
½ colher de café de pimenta calabresa
Sal a gosto

Modo de preparo

Misture todos os ingredientes e coloque em formas pequenas de silicone. Leve ao forno médio, preaquecido, por aproximadamente 30 minutos.

Bolo de mandioca

Ingredientes da massa de mandioca

250 g de mandioca cozida e amassada

1 ovo inteiro

2 claras de ovos

1 colher de chá (rasa) de sal

100 g de amaranto

1 colher de sopa de pasta de ricota

Simplesmente maravilhoso, uma receita que permite muitas variações e sempre fica perfeita!

Modo de preparo

Misture todos os ingredientes e reserve.

Ingredientes do recheio

500 g de carne magra moída

1 tomate picado

1 cebola média picada

2 dentes de alho picados

3 pimentas cambuci picadas

30 ml de água

4 colheres de sopa de vinagre de maçã

Modo de preparo

Coloque a água, o vinagre e a carne para cozinhar em fogo baixo. Acrescente o tomate, a cebola, o alho e a pimenta, deixe cozinhar até secar a água.

Montagem

Numa assadeira untada com óleo *spray* faça uma camada da massa, recheie com a carne moída e cubra com o restante da massa. Leve ao forno por aproximadamente 45 minutos.

Canapés de hambúrguer com creme de abobrinha

Ingredientes do hambúrguer

500 g de carne magra moída

1 tomate sem sementes

2 colheres de sopa (rasas) de linhaça escura

Sal, pimenta e salsinha a gosto

Modo de preparo

Misture tudo e amasse bem.

Faça os hambúrgueres com o auxílio de um copo americano.

Totalmente possível fazer uma festa com receitas reduzidas em carboidratos! É só variar o creme e são infinitas as possibilidades.

Ingredientes do creme de abobrinha

1 abobrinha cozida e amassada

3 colheres de sopa de pasta de ricota

3 colheres sopa de queijo *cottage*

2 colheres de sopa de salsinha

30 ml de caldo de legumes

Sal, pimenta e azeite de oliva extravirgem a gosto

Modo de preparo

Doure no azeite a salsinha e a abobrinha. Amasse bem, acrescentando o caldo de legumes, aos poucos, para formar uma pasta. Junte os demais ingredientes.

Ingredientes da abobrinha refogada

1 abobrinha média picada
Salsinha, pimenta, vinagre e sal grosso a gosto

Modo de preparo

Cozinhe a abobrinha em panela tampada com vinagre. Tempere com salsinha, sal e pimenta.

Montagem

Monte os canapés colocando o hambúrguer, um pouco de creme de abobrinha e uma colher de abobrinha refogada.

Caponata de berinjela com frango

Ingredientes

2 berinjelas fatiadas

1 abobrinha fatiada

1 cebola média picada grande

1 pimentão verde picado em tiras

½ pimentão vermelho picado em tiras

2 dentes de alho picados

50 ml de vinagre balsâmico

30 ml de vinagre de maçã

2 colheres de sopa de azeite

1 colher de café (rasa) de pimenta calabresa

Sal a gosto

Uso essa *caponata* para misturar com meu frango da tarde. Fica parecendo uma salada... Amo!

Modo de preparo

Misture todos os ingredientes em uma assadeira grande e cubra com papel alumínio. Asse em forno médio por aproximadamente 20 minutos. Retire o papel e asse por mais 30 minutos.

Carne-seca com mandioca

Carne-seca tem muito sódio, mas de vez em quando...

Ingredientes da carne-seca

200 g de carne-seca cozida, dessalgada e desfiada
1 cebola grande picada
2 colheres de sopa de cheiro-verde
1 dente de alho
Suco de ½ limão
Pimenta calabresa a gosto

Modo de preparo

Esprema o limão em uma frigideira e coloque a cebola e o alho. Deixe por 1 minuto. Acrescente a carne-seca, a pimenta e o cheiro-verde. Cozinhe por aproximadamente 5 minutos.

Ingredientes da mandioca

100 g de mandioca cozida
1 colher de sopa de pasta de ricota
1 colher de sobremesa de pimenta branca
40 ml de água filtrada ou caldo de legumes
1 colher de sobremesa de azeite de limão
Sal a gosto

Modo de preparo

Em uma frigideira, amasse a mandioca e acrescente os demais ingredientes.

Coalhada seca proteica

Uma receita muito fácil. O patê proteico é ótimo também para sanduíches!

Ingredientes

1 pote de coalhada seca *light*
1 colher de sopa (rasa) de pasta de ricota
1 colher de sopa de azeite de limão
2 colheres de sopa de suco de limão
3 colheres de sopa de iogurte desnatado
½ pote de *tofu* de ervas finas

Modo de preparo

Misture tudo e está pronto!
Fatie pão integral, coloque numa assadeira e passe um pouco de azeite em *spray*. Asse as torradinhas.

Couve-flor ao molho de iogurte

Ingredientes

100 g de couve-flor cozida no vapor
2 colheres de sopa de amêndoas torradas em lascas
1 colher de café de mostarda em pó
1 colher de sobremesa de mostarda Dijon
3 colheres de sopa de iogurte natural desnatado
Pimenta caiena a gosto.

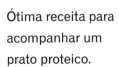

Ótima receita para acompanhar um prato proteico.

Modo de preparo

Unte levemente uma frigideira com azeite de oliva e coloque a couve-flor. Misture os demais ingredientes, menos as amêndoas, e despeje sobre a couve-flor. Deixe no fogo por 2 minutos. Salpique com as amêndoas e está pronto.

Coxinha de batata-doce

Ingredientes da massa

150 g de amaranto

100 g de quinoa

1 colher de café (rasa) de sal

1 colher de sopa de mostarda em pó

1 ovo inteiro

50 ml de claras

60 g de *whey protein* sem sabor

2 colheres de sopa de azeite

100 ml de caldo de frango (caldo
retirado do cozimento do recheio –
amassar os legumes cozidos junto
com o frango)

150 g de batata-doce cozida e amassada

Esta é outra paixão: COXINHA! Eu precisava de uma dentro da dieta, quer dizer, quase dentro da dieta. Tem mais carboidrato do que eu preciso, mas de vez em quando pode...

Modo de preparo

Numa panela alta, coloque a batata, o ovo, as claras e misture por aproximadamente 3 minutos. Acrescente o azeite, os temperos, a *whey protein*, o amaranto e a quinoa. Aos poucos, coloque o caldo de legumes e misture até que a massa fique homogênea.

Ingredientes do recheio

400 g de peito de frango cozido e desfiado

1 cebola média picada

1 dente de alho picado

3 colheres de vinagre de vinho tinto

3 colheres de sopa de pasta de ricota

Modo de preparo

Cozinhe o frango em 1,5 l de água com um pimentão verde, 1 colher de sopa de noz-moscada, 1 colher de sobremesa de pimenta calabresa e 1 colher de sobremesa (rasa) de sal.

Em uma frigideira, coloque o vinagre, a cebola e o alho. Coloque o frango por cima e deixe até dourar. Após desligar o fogo, misture a pasta de ricota.

Preparação para assar

Bata 1 ovo inteiro e 1 clara até formar uma mistura homogênea.

Passe a coxinha na mistura de ovo e depois na farinha de pão integral ou farinha de castanha-de-caju.

Coloque em uma assadeira levemente untada e leve ao forno para assar por aproximadamente 45 minutos.

Quem tiver panela para assar sem uso de óleo pode usar.

Crocantinho aromático

Snacks salgadinhos e gostosos.

Ingredientes

3 colheres de sopa de azeite de oliva
20 g de *whey protein* sem sabor
90 g de farinha de quinoa
60 ml de água morna
1 colher de café rasa de sal
10 g de fermento biológico
1 colher de sopa de páprica picante
1 colher de sopa de cheiro-verde desidratado
1 colher de sopa de alho desidratado

Modo de preparo

Em uma tigela, coloque o fermento biológico e a água morna. Misture e deixe por 5 minutos. Acrescente os demais ingredientes, utilizando apenas 60 g de farinha de quinoa. Sove bastante a massa com as mãos e deixe descansar por 2 horas.

Espalhe o restante da quinoa em uma superfície lisa. Sove mais um pouco a massa e abra com o auxílio de um rolo. Deixe o mais fino possível. Corte em tirinhas e coloque em uma forma levemente untada. Leve ao forno médio por aproximadamente 15 minutos.

Estrogonofe maromba

Ingredientes

2 colheres de sopa de azeite de
oliva extravirgem

1 colher de sopa de vinagre balsâmico

200 g de patinho em cubos

½ caixa de creme de leite de soja

60 ml de clara

150 ml de água

2 tomates picados

30 g de salsinha picada

1 cebola pequena picada

2 dentes de alho picados

Sal a gosto

Receita com pequenas adaptações da tradicional e mais saudável. Não há desculpa para não experimentar.

Modo de preparo

Em uma panela, coloque o azeite, a carne, o vinagre, a cebola e o alho e deixe a carne dourar. Acrescente a salsinha, o tomate e a água e deixe cozinhar por aproximadamente 6 minutos. Acrescente as claras e, sem parar de mexer, acrescente o creme de leite. Misture por mais 2 minutos e desligue o fogo. Acrescente o sal.

Frango agridoce

Ingredientes

200 g de cebola roxa

1 colher de sopa de azeite

50 ml de água

1 colher de sobremesa de adoçante

1 colher de café (rasa) de sal

2 colheres de sopa de vinagre
  balsâmico

400 g de peito de frango em cubos

Modo de preparo

Essa é uma boa variação para o frango nosso de cada dia. É interessante porque dá para comer fria... Para quem não tem como esquentar... Tem solução!!!

Em uma frigideira, coloque a água e a cebola roxa picada e deixe o fogo baixo. Acrescente o sal e o adoçante. Deixe cozinhar até que a cebola fique translúcida. Separe.

Em uma frigideira, coloque o azeite, o vinagre e o frango. Deixe em fogo baixo até dourar. Conforme a água do frango for secando, use o molho da cebola roxa para umedecer o frango. Quando estiver cozido, despeje a cebola toda sobre o frango e deixe por mais alguns minutos até terminar o cozimento.

Frango com cúrcuma

Ingredientes

300 g de peito de frango cozido
   e desfiado

1 cebola média picada

1 colher de sopa de cúrcuma

1 colher de sobremesa rasa de
   mostarda em pó

20 g de cebolinha

20 g de salsinha

1 colher de café de pimenta calabresa

2 colheres de sopa de vinagre balsâmico

Outra receita que eu deixava congelada para usar como recheio para omelete, sanduíche, *pizza* etc. Toda criatividade possível!

Modo de preparo

Em uma frigideira, coloque o vinagre e a cebola. Deixe por 1 minuto. Acrescente os demais ingredientes e deixe por aproximadamente 5 minutos.

Frango com *shitake* e palmito

Ingredientes

100 g de peito de frango cozido
   e desfiado
3 palmitos picados
3 cogumelos *shitake* fatiados
3 colheres sopa de vinagre balsâmico
1 ovo inteiro
1 colher de sopa de azeite de oliva
Sal a gosto

Para variar o frango
nosso de cada dia!

Modo de preparo

Em uma frigideira antiaderente, coloque o azeite e o vinagre. Acrescente o cogumelo e deixe por 2 minutos. Adicione o palmito, o frango e o ovo. Misture e deixe cozinhar por aproximadamente 3 minutos.

Frango crocante

Ingredientes

500 g de filé de frango

1 ovo inteiro

2 claras de ovos

3 colheres de sopa de amaranto

3 colheres de sopa de farinha de
castanha-de-caju

2 colheres de sobremesa de chia

1 colher de sobremesa de salsa desidratada

Sal, pimenta e limão a gosto

> Comi esses franguinhos com molho de mostarda sem açúcar. Ficou ótimo!

Modo de preparo

Misture o ovo, as claras, o sal, a pimenta e o limão em uma vasilha e coloque o frango.

Em um prato fundo, coloque o amaranto, a farinha de castanha-de--caju, a chia e a salsa.

Utilize papel manteiga, próprio para forno, para cobrir a assadeira.

Passe os pedaços de frango na mistura de farinha e coloque na assadeira. Leve ao forno preaquecido por aproximadamente 45 minutos ou até dourar. Na metade do cozimento, vire os pedaços.

Frango em cubos

Ingredientes

1 kg de peito de frango cortado
em cubos

1 cebola grande cortada em tiras

3 dentes de alho grandes bem
picados

5 colheres de sopa de salsinha

3 colheres de sopa de cebolinha

1 colher de café de noz-moscada

1 colher de café de páprica picante

½ pimentão vermelho picado

1 colher de sopa de vinagre balsâmico

Suco de ½ limão

Sal grosso a gosto

Este é o meu franguinho da tarde. Minha "marmitinha" delícia.

Modo de preparo

Deixe o frango no suco de limão por aproximadamente 30 minutos. Em uma frigideira com fundo grosso coloque o frango e todos os demais ingredientes. Deixe cozinhar em fogo brando por aproximadamente 15 minutos. Após esse período, aumente o fogo por 3 minutos e desligar.

Fritatta de carne moída

Ingredientes

200 g de mandioca cozida e
  ligeiramente amassada

300 g de carne moída magra cozida

3 colheres de sopa de salsa picada

3 ovos inteiros

10 claras de ovos

1 colher de sobremesa de pimenta branca

4 colheres de sopa de pimentão amarelo picado

1 cebola média cortada em tiras

1 colher de sobremesa de noz-moscada

1 dente de alho picado

1 colher de sobremesa de óleo de coco

1 colher de sobremesa de pasta de ricota

> Uma delícia! Pena que não posso comer tanto carboidrato.

Modo de preparo

Em uma frigideira de fundo grosso, coloque o óleo de coco, a cebola, o alho, o pimentão, a noz-moscada e a pimenta. Deixe dourar por aproximadamente 2 minutos. Acrescente a mandioca e a carne moída e deixe por mais 2 minutos.

Em uma tigela, bata os ovos, as claras e a pasta de ricota.

Unte levemente uma assadeira média e coloque a mistura de carne moída. Por cima, despeje a mistura de ovo.

Salpique salsinha sobre a massa.

Leve ao forno preaquecido por aproximadamente 30 minutos em temperatura média.

Fritatta de lombo

Receita fácil de fazer e muito gostosa. O lombo é bem legal para variar... Uma carne com pouca gordura.

Ingredientes

150 g de mandioca cozida e ligeiramente amassada
250 g de lombo cozido e desfiado
10 tomates-cereja
3 colheres de sopa de salsa picada
2 ovos inteiros
7 claras de ovos
1 colher de sobremesa de pimenta branca
3 colheres de sopa de pimentão amarelo picado
1 copo americano de alho-poró picado
1 colher de sopa de mostarda Dijon
1 colher de sobremesa de óleo de coco

Modo de preparo

Em uma frigideira de fundo grosso, coloque o óleo de coco, a salsa, a pimenta, o pimentão e o alho-poró. Deixe por 2 minutos. Acrescente o lombo e deixe por mais 1 minuto. Acrescente a mandioca e desligue o fogo.

Em uma tigela, bata os ovos, as claras e a mostarda Dijon. Unte levemente uma assadeira pequena e coloque a mistura de lombo. Por cima, despeje a mistura de ovos. Fatie os tomates-cereja e espalhe sobre os ovos. Salpique salsinha sobre a massa.

Leve ao forno preaquecido por aproximadamente 30 minutos em temperatura média.

Gratinado de couve-flor e brócolis

Ingredientes

150 g de couve-flor cozida no vapor
150 g de brócolis cozido no vapor
½ caixa de creme de leite de soja (100g)
2 colheres de sopa (cheias) de queijo *cottage*
1 colher de sopa de manjericão
3 claras de ovos
Sal e pimenta-do-reino a gosto

O creme de leite de soja pode ser substituído por *tofu* para aqueles que não podem consumir muita gordura. Já para quem não tiver muita restrição na dieta com queijos, pode usar a pasta de ricota.

Modo de preparo

Coloque o brócolis e a couve-flor num pirex e reserve. Bata as claras em neve e acrescente o creme de leite, o manjericão, o sal e a pimenta. Despeje no pirex, cuidando para cobrir bem a couve-flor e o brócolis. Por fim, espalhe o queijo *cottage* e salpique manjericão. Asse em forno preaquecido até que o queijo fique douradinho, por aproximadamente 15 minutos.

Hambúrguer de grão-de-bico e feijão-verde

Ingredientes do hambúrguer

260 g de feijão-verde cozido
e amassado
250 g de grão-de-bico cozido
e amassado
60 g de trigo integral ou quinoa
40 g de *whey protein* sem sabor
30 g de farinha de castanha-de-
-caju torrada
1 colher de sopa de azeite de oliva

Vegetariano e com sabor... servido com um molhinho de tomates caseiro bem temperado... Perfeito!

Farinha

3 colheres sopa de farinha de linhaça dourada
½ colher de café (rasa) de pimenta caiena
1 colher de sobremesa de mostarda em pó
1 colher de sobremesa de manjericão seco
150 g de amêndoas picadas

Modo de preparo

Em uma vasilha, coloque todos os ingredientes do hambúrguer e misture bem. Unte levemente uma superfície lisa, despeje tudo e, com o auxílio de uma espátula, abra a massa. Com um cortador circular ou um copo americano faça os hambúrgueres. Passe-os na mistura da farinha e coloque-os numa assadeira.

Asse em forno brando por aproximadamente 30 minutos.

Macarrão com almôndegas

Ingredientes das almôndegas

1 kg de carne moída
1 abobrinha média passada no
   processador (cuidado para não
   virar suco)
3 dentes de alho moídos
1 tomate passado no processador
1 cebola pequena passada
   no processador
3 colheres de sopa de salsinha
   e cebolinha
1 pimenta cambuci passada
   no processador
Sal a gosto

Eu sempre deixava as almôndegas congeladas para fazer um macarrãozinho em qualquer emergência. Se aparecer alguém para comer de surpresa, você não é pego desprevenido... É uma receita básica e sempre agrada.

Modo de preparo

Misture tudo e faça bolas não muito grandes.

Leve ao forno por aproximadamente 45 minutos. Na metade do cozimento vire as almôndegas e retire o excesso de água da assadeira.

Guarde o excesso de água das almôndegas para utilizar no molho.

Ingredientes do molho de tomate

6 tomates maduros picados pequenos
1 colher de café (rasa) de noz-moscada
Sal grosso a gosto

Modo de preparo

Em uma panela, coloque o excesso de água retirado das almôndegas. Acrescente o tomate, a noz-moscada e o sal. Deixe encorpar. Acrescente as almôndegas cozidas.

Ingredientes do macarrão

300 g de macarrão integral
Salsa desidratada para salpicar

Modo de preparo

Cozinhe o macarrão e acrescente o molho. Salpique salsa desidratada.

Macarrão com molho de abobrinha

Bonito, gostoso e saudável! Tudo de bom...
A abobrinha sempre dá um toque maravilhoso às receitas. Amo muito!

Ingredientes

200 g de macarrão integral cozido
60 g de abobrinha
5 tomates-cereja picados
20 g de salsinha
1 colher de sopa (cheia) de *tofu* defumado
20 ml de água filtrada
Sal e pimenta calabresa a gosto

Modo de preparo

Em uma frigideira, coloque a água, a salsinha, a abobrinha, os tomates, o sal e a pimenta. Deixe até que a abobrinha comece a amolecer. Acrescente o *tofu*. Deixe até o ponto desejado e misture o macarrão.

Macarrão de atum

Ingredientes

300 g de macarrão integral

2 colheres de sopa de *tofu* alho e cebola

1 ovo inteiro

2 claras

½ kg de filé *mignon*

1 pimentão verde picado

1 cebola pequena picada

2 colheres de sopa de manjericão
   (quem tiver fresco melhor!)

6 tomates italianos bem picados

Sal e pimenta a gosto

Esse macarrão parece mais uma torta e fica muito bom.
O "pulo do gato" é que pode ser consumido gelado. Quem gosta, pode aproveitar!

Modo de preparo

Em uma panela de pressão, coloque 800 ml de água, a carne, o pimentão, a cebola, o manjericão, o sal e a pimenta. Deixe cozinhar sob pressão por 30 minutos. Retire a carne, reservando a água, desfie e reserve. Depois cozinhe o macarrão e reserve.

Em uma frigideira grande, coloque o tomate picado e uma concha da água da carne cozida. Deixe refogar. Acrescente a carne desfiada e misture. Coe a água restante da carne e reserve. Acrescente a cebola e o pimentão coados à mistura de tomate e carne.

Em um pirex de vidro, coloque o macarrão cozido e acrescente a mistura batida de ovo, clara e *tofu*. Leve ao forno por 10 minutos para cozinhar o ovo. Distribua o molho de carne e tomates por cima e retorne ao forno por mais 10 minutos. Salpique manjericão e aprecie!

Macarrão integral com *tofu*

Ingredientes

½ pacote de macarrão tipo espaguete
integral cozido

2 ovos inteiros

3 claras de ovos

3 colheres sopa de creme de leite de soja

1 embalagem de *tofu* alho e cebola

½ copo americano de extrato solúvel
(leite) de soja sem açúcar

8 tomates-cereja picados

2 tomates

Salsinha, cebolinha e sal a gosto

O ponto mais importante desta receita é o *tofu*. Sim, eu sei que é caro e que é difícil de encontrar, mas sem ele a quantidade de proteínas cai muito e a receita perde sua finalidade.

Modo de preparo

Em um pirex, misture o creme de leite, o *tofu*, o extrato de soja e o ovo, depois junte o macarrão. Coloque em forno brando por 10 minutos, suficiente para cozinhar os ovos.

Pique os dois tomates bem fininhos em uma frigideira e deixe desmanchar. Acrescente a salsinha, a cebolinha e o sal.

Coloque o molho de tomate sobre o macarrão e espalhe os tomates-cereja picados. Recoloque no forno por aproximadamente 10 minutos.

O macarrão deve ficar parecendo uma torta.

Mexido maromba

Ingredientes

200 g de carne magra moída
50 g de abobrinha ralada
½ tomate picado
½ cebola picada
2 claras de ovos
1 ovo inteiro
1 colher de sopa de vinagre de
   vinho branco
1 colher de sopa de vinagre de maçã
1 colher de sopa de mostarda
   sem açúcar
½ colher café (rasa) de sal

Modo de preparo

Em uma frigideira coloque os vinagres, o sal e a carne moída, deixe cozinhar por alguns minutos. Acrescente o tomate, a cebola e a mostarda. Quando a carne estiver praticamente cozida, acrescente a abobrinha. Cozinhe por alguns minutos e acrescente o ovo e as claras. Misture até que tudo esteja cozido.

Sempre tenho carne moída pronta e congelada em porções! Então, é só misturar os demais ingredientes... Facilita muito a vida e ainda temos aquela comidinha com gostinho de "feito na hora". Para quem leva suas refeições para o trabalho todos os dias, isso faz muita falta!

Muffin de frango e salsicha

Ingredientes

1 colher de sopa de pasta de ricota

100 g de peito de frango cozido
   e desfiado

½ tomate pequeno

4 ramos de salsinha

1 ramo de cebolinha

1 cebola pequena picada

2 claras de ovos

2 salsichas de frango picadas

Fiz esse *muffin* para
o meu primeiro
dia no trabalho
novo. Parece um
salgadinho mesmo!

Modo de preparo

Cozinhe o frango com pouco sal, 1 colher de café de noz-moscada e 1 colher de café de pimenta calabresa.

Misture todos os ingredientes, menos a salsinha, e forme uma massa homogênea. Coloque em formas pequenas de silicone e, por cima, adicione as salsinhas picadas, dividindo-as entre as forminhas. Leve ao forno médio por aproximadamente 30 minutos. Não é necessário preaquecer.

Nhoque de batata-doce à bolonhesa

Ingredientes da massa do nhoque

500 g de batata-doce

30 g de caseína sabor baunilha

1 copo americano de farinha de trigo integral (aproximadamente)

½ copo americano de amaranto

1 colher sopa de linhaça dourada

1 ovo inteiro

2 colheres de café de sal

1 colher de sopa de óleo de canola

É uma receita mais difícil, mas vale o desafio.

Modo de preparo

Cozinhe a batata-doce, retire a casca e amasse até formar um purê. Acrescente o ovo e misture. Acrescente a caseína, uma colher de sal, o amaranto, a linhaça e misture. Acrescente metade da farinha de trigo. Unte uma superfície lisa com farinha de trigo integral e comece a sovar a massa, acrescentando aos poucos o restante do trigo. A massa tem de soltar da mão. Acrescente farinha de trigo integral até obter a consistência desejada. Quanto menos farinha, mais macio ficará.

Divida a massa em partes pequenas, suficientes para fazer um "rolinho", sobre a superfície com farinha. Corte o rolinho em pequenos cubos e reserve.

Ferva 1 litro de água. Acrescente o óleo de canola e o restante do sal. Aos poucos, coloque os cubinhos. Estarão cozidos quando vierem à superfície. Retire-os da água cuidadosamente com o auxílio de uma escumadeira.

Ingredientes do molho bolonhesa

500 g de carne moída
10 tomates tipo italiano maduros picados
1 cebola pequena picada
1 dente de alho grande picado
1 colher de café de pimenta calabresa
½ copo americano de água filtrada
Sal grosso a gosto

Modo de preparo

Em uma panela, coloque a água e a carne moída e deixe cozinhar por 10 minutos. Misture para que a carne fique bem solta e acrescente a cebola, o alho, a pimenta e o tomate. Acrescente o sal e deixe cozinhar até atingir a consistência desejada. Despeje sobre o nhoque.

Nhoque de ricota e espinafre

Uma receita de família que sempre amei! Agora divido com vocês...

Ingredientes da massa

80 g de *whey protein* sem sabor

½ copo americano de amaranto

1 pacote de ricota fresca

1 ovo inteiro

1 clara

100 g de espinafre cozido e passado no processador

½ colher de café de pimenta-do-reino

1 colher de café (rasa) de sal marinho

½ copo americano de farinha de trigo integral para untar

Modo de preparo

Em uma vasilha grande, misture todos os ingredientes até formar uma massa homogênea. Divida a massa em 8 bolas. Polvilhe uma superfície lisa com um pouco de trigo. Pegue uma das bolas de massa e enrole sobre o trigo até que atinja a espessura desejada para cortar os cubinhos do nhoque. Reserve-os num prato com farinha. Repita o procedimento com todas as bolas.

Deixe 1 litro de água ferver. Acrescente 1 colher de sopa de óleo de canola e despeje ¹/₃ dos nhoques. Quando boiarem, já estarão prontos. Repita o procedimento com todos os nhoques.

Ingredientes do molho branco de queijo

2 colheres de sopa de pasta de ricota

50 ml de água

2 colheres de sopa de queijo *cottage*

1 colher de sopa de essência de queijo

1 caixa de creme de leite de soja

½ colher de café de noz-moscada

Modo de preparo

Coloque todos os ingredientes numa panela e deixe encorpar.

Omelete recheado

Mudando o recheio, cada dia fica diferente.

Ingredientes do omelete

1 ovo inteiro
120 ml de claras de ovos (5 claras)

Ingredientes do recheio

3 colheres de sopa de repolho roxo picado
1 colher de sopa de pasta de ricota
3 fatias finas de peito de peru

Modo de preparo

Unte levemente uma frigideira antiaderente e coloque o ovo e as claras. Deixe cozinhar em fogo baixo. Quando a parte interna do omelete estiver quase sequinha, adicione o recheio e feche o omelete.

Panqueca de frango

Panqueca é sempre bem-vinda! Refeição leve e fácil de fazer.

Ingredientes da massa básica de panqueca proteica

25 g de *whey protein* sem sabor

2 ovos inteiros

150 ml de claras (6 claras)

50 ml de extrato solúvel (leite) de soja sem açúcar

1 colher de sobremesa de alho desidratado (assado)

1 colher de café (rasa) de pimenta branca

1 colher de café de mostarda em pó

1 colher de sopa de farinha de trigo integral

Modo de preparo

Misture bem todos os ingredientes. Aqueça uma frigideira antiaderente e faça as panquecas, deixando dourar os dois lados. Deixe as panquecas o mais finas possível.

Ingredientes do recheio

500 g de peito de frango picado em quadrados bem pequenos
1 cebola média fatiada
1 dente de alho picado
2 colheres de sopa de mostarda em pó
2 colheres de sopa de vinagre de vinho branco

Modo de preparo

Em uma frigideira antiaderente, coloque o vinagre e o frango. Deixe em fogo baixo. Aos poucos vá acrescentando o alho, a cebola e a mostarda. Se necessário, coloque mais vinagre durante o cozimento.

Ingredientes do molho de tomate

2 tomates inteiros bem picados
2 dentes de alhos bem picados
1 colher de sopa de vinagre balsâmico
2 colheres de sopa de água filtrada
Sal a gosto

Modo de preparo

Misture todos os ingredientes em uma panela, tampe e deixe até que o molho adquira a consistência desejada.

Panqueca proteica de carne

Acho que já falei isso, mas amo panquecas!

Ingredientes da massa básica de panqueca proteica

25 g de *whey protein* sem sabor
2 ovos inteiros
150 ml de claras (6 claras)
50 ml de extrato solúvel (leite) de soja
1 colher de sobremesa de alho desidratado (assado)
1 colher de café (rasa) de pimenta branca
1 colher de café de mostarda em pó
1 colher de sopa de farinha de trigo integral

Modo de preparo

Misture bem todos os ingredientes. Aqueça uma frigideira antiaderente e faça as panquecas, deixando-as dourar os dois lados. Deixe as panquecas o mais finas possível.

Ingredientes do recheio

500 g de carne moída cozida e temperada a gosto.

Ingredientes do molho rosé

2 tomates bem picados

1 cebola pequena picada

1 dente de alho bem picado

2 colheres de sopa de salsinha

50 ml de leite de soja

20 ml de água

1 colher de sopa de vinagre balsâmico

1 colher de sopa cheia de *tofu* ervas finas

Modo de preparo

Em uma panela, coloque o vinagre balsâmico, metade da água, o alho e a cebola e deixe em fogo brando por 1 minuto. Acrescente o tomate e a salsinha e deixe até o tomate desmanchar. Acrescente os demais ingredientes e deixe no fogo até atingir a consistência desejada.

Monte as panquecas e despeje o molho sobre elas.

Pão fácil

Ingredientes

120 g de farinha de trigo integral

60 g de *whey protein* sem sabor

1 colher de café (rasa) de sal

1 colher de sobremesa de agave

10 g de fermento biológico

2 colheres de sopa de azeite

150 ml de água morna

Super fácil de fazer e fica muito saboroso!

Modo de preparo

Junte o fermento, a água morna e o agave e deixe por 5 minutos. Acrescente o azeite e o sal e mexa. Acrescente a farinha e a *whey protein* e misture bem. Unte com óleo e farinha um pirex de vidro que possa ir ao forno e coloque a massa nele. Deixe descansar por 30 minutos. Asse em forno preaquecido por 25 minutos, aproximadamente.

Pão integral em camadas

Esta receita é clássica lá em casa. Sempre muito leve. Traz muitas lembranças boas... Espero que vocês se divirtam muito apreciando seu gostinho...

Ingredientes

2 pacotes de pão integral sem casca
Caldo de legumes (água usada para o cozimento dos legumes no vapor)

Ingredientes do patê de beterraba

2 copos americanos de beterraba ralada cozida (triturada no *mixer* ou processador)
½ pote de pasta de ricota
½ pote de *cream cheese light*
40 ml de caldo de legumes
Sal e pimenta a gosto

Ingredientes do patê de alcachofra

1 lata de alcachofra (triturada no *mixer* ou processador)
1 pote de queijo *cottage*
20 ml de caldo de legumes
Sal e azeite a gosto

Ingredientes do patê de abobrinha

1 abobrinha grande cortada e cozida no vapor (triturada no *mixer* ou processador)

½ pote de pasta de ricota

½ pacote de ricota

40 ml de caldo de legumes

Sal, manjericão e azeite a gosto

Ingredientes do vinagrete de rosbife

200 g de rosbife fatiado fino

1 tomate picado sem sementes

3 colheres de sopa de salsinha e cebolinha picadas

1 cebola pequena picada

Vinagre, azeite e sal a gosto

Modo de preparo

Patê: Prepare os patês separadamente, misturando todos os ingredientes no *mixer*.

Vinagrete: Misture todos os ingredientes.

Montagem do pão

Em um prato raso, utilize três fatias de pão para formar cada camada do sanduíche.

Alterne pão, patê e pão de maneira que as camadas formem um colorido.

Para cobrir, utilize o restante dos patês de abobrinha e alcachofra e acrescente um pouco de pasta de ricota para que a mistura fique mais diluída. Passe ao redor de todo o pão.

Enfeite com o vinagrete de rosbife e salsa desidratada.

Pão maromba recheado

Ingredientes do pão

40 g de fermento biológico
2 copos americanos de água
½ copo americano de óleo de canola
80 g de *whey protein* sem sabor
60 g de farinha de castanha-do-pará
2 copos americanos (aproximadamente) de farinha integral
1 colher de café (rasa) de sal
1 colher de café de noz-moscada

Esse pão fica uma delícia, mas tem bastante óleo e farinha, então tem de ser consumido com cuidado.
Quanto menos farinha for usada, melhor! Então, quando estiverem sovando o pão, evitem ao máximo adicioná-la.

Modo de preparo

Dissolva o fermento biológico na água morna e deixe por 10 minutos. Acrescente os ingredientes líquidos, depois a *whey protein*, a farinha de castanha, o sal e a noz-moscada. Sove bastante. Polvilhe uma superfície lisa com farinha integral e coloque a massa. Abra-a um pouco, coloque mais farinha no meio e sove. Acrescente farinha até que a massa esteja no ponto para ser aberta e recheada. Passe o patê de frango e enrole o pão. Coloque-o numa assadeira untada com óleo e farinha e deixe crescer por duas horas, coberto por um pano e em local quente. Leve para assar em forno médio, preaquecido, por aproximadamente 50 minutos.

Ingredientes do recheio

200 g de peito de frango cozido, desfiado e temperado
100 g de ricota fresca
1 dente de alho bem picado
2 colheres de sopa de salsinha e cebolinha
1 colher de sopa de pasta de ricota
Pimenta e sal a gosto

Modo de preparo

Misture todos os ingredientes e forme um patê. Passe sobre a massa do pão.

Picadinho de filé *mignon* com mostarda

Ingredientes

300 g de filé *mignon* cortado em cubos

2 colheres de sopa de mostarda em pó

1 colher de sobremesa de pimenta-branca

2 dentes de alho bem picados

2 colheres de sopa de vinagre balsâmico

1 colher de sopa de vinagre *rosé* com alho

2 colheres de sopa de pimentão vermelho bem picado

½ tomate picado fininho sem sementes

Sal grosso a gosto

Esta receita é bem prática para deixar porções congeladas. Assim é só usá-la para fazer omelete, sopa ou acompanhar o macarrão integral.

Modo de preparo

Aqueça uma frigideira de fundo grosso. Coloque a carne com os temperos e os vinagres e misture. Doure por 2 minutos e acrescente o pimentão e o tomate. Deixe cozinhar até o ponto desejado da carne e pronto!

Pizza de frango e queijo

Ingredientes de massa básica para *pizza*

100 g de farinha de quinoa

60 ml de água morna

10 g de fermento biológico

1 colher de café (rasa) de sal

2 colheres de sopa de azeite

15 g de *whey protein* sem sabor

Ainda não testei as *pizzas* em forno a lenha... Mesmo assim, adoro!

Modo de preparo

Dissolva o fermento na água morna e misture os demais ingredientes utilizando apenas 60 g de farinha de quinoa. A massa fica grudenta. Reserve por duas horas.

Com o restante da quinoa, polvilhe uma superfície lisa e vá acrescentando a farinha na massa até que ela fique maleável.

Abra a massa em círculo, sempre polvilhando com farinha quando necessário, e coloque numa forma levemente untada. Asse previamente por aproximadamente 15 minutos.

Coloque o recheio desejado e retorne a massa ao forno.

Nesta *pizza* foi usado:

Molho de tomate: ½ tomate picado e 10 g de cebolinha com uma pitada de pimenta calabresa.

Frango: ver receita do frango com cúrcuma.

Queijo: 1 colher de sopa de pasta de ricota, 1 colher de sopa (rasa) de queijo *cottage* e 1 colher de sopa de *cream cheese light*.

Pizza de ovo

Ingredientes de massa básica para *pizza* com farinha integral

Recheio *top*! Não vivo sem *pizza*... Como sou descendente de italianos, precisava de uma receita para alguns finais de semana.

200 g de farinha de trigo integral
120 ml de água morna
20 g de fermento biológico
1 colher de café (rasa) de sal
4 colheres de sopa de azeite
30 g de *whey protein* sem sabor

Modo de preparo

Dissolva o fermento na água morna e misture os demais ingredientes utilizando apenas 60 g de farinha. A massa fica grudenta. Reserve por 2 horas.

Com o restante da farinha, polvilhe uma superfície lisa e vá acrescentando a farinha na massa até que ela fique maleável.

Abra a massa em círculo, sempre polvilhando com farinha quando necessário, e coloque numa forma levemente untada. Asse previamente por aproximadamente 15 minutos.

Coloque o recheio desejado e retorne a massa ao forno.

Na *pizza* foi usado:

Molho de tomate: 80 ml de água, 1 tomate picado, 2 colheres de sopa (cheias) de salsinha, 30 g de cebola picada, ½ colher de café (rasa) de noz-moscada e 1 dente de alho pequeno picado.

Modo de preparo

Misture todos os ingredientes e deixe cozinhar por aproximadamente 15 minutos.

Omelete: 2 ovos inteiros, 80 ml de claras (3 claras), ½ pimentão vermelho e ½ pimentão verde picados fininhos, 1 colher de sopa de pasta de ricota, 1 colher de sopa de queijo *cottage* e 2 colheres de sobremesa de azeite.

Modo de preparo

Em uma frigideira antiaderente, coloque o azeite e o pimentão e deixe por 3 minutos. Acrescente os ovos, as claras e misture. Depois acrescente o queijo *cottage* e a pasta de ricota e não pare de mexer até que se forme uma pasta homogênea.

Use peito de peru para a cobertura.

Quibe assado de alcachofra, arroz negro e frango

Ingredientes

250 g de alcachofra moída
2 colheres de sopa de *tofu* ervas finas
5 colheres de servir de arroz negro cozido
2 ovos inteiros
3 claras de ovos
1 cebola inteira picada fininho
50 g de *shitake* picado
300 g de frango moído
3 colheres de sopa de linhaça escura
8 castanhas-do-pará moídas para cobrir
Salsa, cebolinha, manjericão, pimenta e sal a gosto

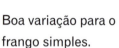

Boa variação para o frango simples.

Modo de preparo

Misture todos os ingredientes num pirex. Unte levemente uma forma com óleo e farinha e coloque a massa. Cubra com a castanha-do-pará e deixe assar em forno brando por aproximadamente 55 minutos.

Quibe de frango

Ingredientes

1 kg de peito de frango moído

2 ovos inteiros cozidos

100 ml de claras (4 claras)

1 tomate picado

1 cebola grande picada

3 dentes de alho

30 g de salsinha picada

Gergelim e farinha de castanha-do-pará para polvilhar

Sal e pimenta a gosto

Fiz muito esse quibe para congelar e separar em refeições para a semana.

Modo de preparo

Passe meia cebola e os três dentes de alho no processador e misture no frango. Acrescente o sal e a pimenta. Unte levemente um pirex e coloque metade dessa massa. Reserve o restante. Unte levemente, com óleo *spray*, uma frigideira e coloque as claras. Quando já tiverem formado uma casca, quebre-as em pequenos pedaços com o auxílio de uma espátula. Despeje essa mistura sobre o frango no pirex. Pique os dois ovos cozidos, acrescente o tomate picado e a salsinha e coloque sobre o frango. Cubra com o restante da mistura e polvilhe com gergelim e farinha de castanha-do-pará. Cubra com papel laminado, leve ao forno preaquecido e deixe por 30 minutos. Depois retire o papel e asse por aproximadamente 30 minutos.

Quiche de queijo e proteína

Ingredientes da massa

1 ovo inteiro
4 colheres de sopa de castanhas-do-pará bem moídas
1 colher de sopa de *whey protein* sem sabor
Pimenta e sal a gosto

Modo de preparo

Misture todos os ingredientes e sove bastante a massa. Coloque em uma forma de silicone e aperte de modo a preencher todo o fundo e laterais, deixando o espaço para o recheio. Leve ao forno médio, preaquecido, e asse por 10 minutos.

Ingredientes do recheio

30 g de *whey protein* sem sabor
80 ml de claras de ovos (3 claras)
100 g de ricota fresca
1 colher de sopa de azeite de oliva
1 cebola pequena bem picada
Sal e pimenta calabresa a gosto

Modo de preparo

Com o auxílio de um batedor, misture todos os ingredientes e complete a forma com a massa. Devolva ao forno e continue assando por aproximadamente 25 minutos.

Dê uma oportunidade para um sabor diferente! Permita-se cozinhar de forma diferente. Essa massa não tem base em manteiga. A textura dela é diferente. É claro que se colocar mais óleo ou manteiga ficará mais crocante, mas a finalidade também será perdida...

Risoto de arroz integral com alho-poró

Adoro!

Ingredientes

1½ xícara de chá de arroz cateto integral

3 xícaras de chá de água

½ copo americano de alho-poró (principalmente a parte branca)

2 colheres de sopa de queijo *cottage*

1 colher de sopa de azeite

1 colher de sopa de vinagre balsâmico

2 colheres de sopa de cebola picada

Sal grosso a gosto

Modo de preparo

Doure a cebola no vinagre balsâmico. Acrescente o arroz lavado, o alho-poró e o sal e deixe por 1 minuto. Acrescente 3 xícaras de chá de água fervente. Após cozido, deixe o arroz descansar por 10 minutos com a panela bem tampada.

Em uma frigideira grande, coloque o azeite e o queijo *cottage*. Acrescente o arroz, misture tudo e desligue o fogo. Sirva imediatamente.

Sanduba maromba

Um sanduíche expresso às vezes é indispensável, então por que não torná-lo mais adequado?

Ingredientes

2 fatias de pão integral
1 ovo inteiro
2 claras de ovos
150 g de carne magra moída
1 dente de alho bem picado
3 colheres de sopa de salsinha
½ colher de café de pimenta-do-reino
Sal a gosto
3 colheres de sopa de repolho roxo
¼ de tomate picado
2 cogumelos *shitake* fatiados
3 colheres de sopa de vinagre balsâmico
Azeite de oliva para untar

Modo de preparo

Em uma tigela, coloque a carne moída, a pimenta, a salsinha, o alho e o sal. Amasse e faça um hambúrguer. Reserve.

Coloque as fatias de pão para tostar no forno ou torradeira. Deixe até ficarem crocantes e reserve.

Unte uma frigideira antiaderente com azeite, quebre o ovo e adicione as claras. Deixe cozinhar e vire, depois reserve.

Nessa mesma frigideira, coloque o vinagre e o hambúrguer para cozinhar. Coloque também os cogumelos. Deixe dourar o primeiro lado do hambúrguer e vire. Nesse momento retire os cogumelos e reserve.

Misture o tomate e o repolho e tempere com vinagre e pouco azeite. Sal, apenas se necessário.

Monte o sanduíche. Se achar mais fácil comer com talheres, monte os ingredientes num prato e aprecie!

Sopa proteica de carne

Ingredientes

80 g de cebola

40 g de pimentões vermelhos

150 g de berinjela

250 g de carne magra em cubos

100 ml de claras de ovos (4 claras)

1 colher de sopa de manjericão

1 colher de café de pimenta calabresa

2 dentes de alhos picados

Sal (apenas o indispensável)

1 colher de sopa de vinagre balsâmico

700 ml de água

50 g de macarrão integral (se sua dieta permitir)

Sopinha deliciosa! Sempre tenho congelada para aqueles dias que não dá para cozinhar.

Modo de preparo

Em uma frigideira, coloque o vinagre balsâmico e doure os cubos de carne.

Coloque todos os ingredientes, menos as claras, em uma panela e leve ao fogo para ferver por aproximadamente 25 minutos.

Quando a carne já estiver cozida, acrescente as claras e misture por 3 minutos sem parar. Desligue o fogo e está pronto.

Suflê de frango

Ingredientes

3 claras em neve

1 ovo inteiro

1 colher de sopa de azeite de oliva
extravirgem

1 colher de sopa de pasta de ricota

100 g de frango cozido e desfiado

1 cebola pequena picada

30 g de alho-poró

1 colher de sopa de mostarda em pó

Para um jantar
simples e gostoso.

Modo de preparo

Misture todos os ingredientes delicadamente e coloque num pirex untado com azeite de oliva.

Reserve um pouco de alho-poró e coloque por cima.

Tapas maromba

Variando as coberturas, são infinitas as combinações!

Ingredientes

1 ovo inteiro
100 ml de claras de ovos (4 claras)
30 g de *whey protein* sem sabor
2 colheres de sopa de orégano
1 colher de sopa de mostarda Dijon
2 pães franceses integrais fatiados

Modo de preparo

Bata o ovo, as claras, a *whey protein*, o orégano e a mostarda. Passe as fatias de pão na mistura de ovos e tempero e coloque-as numa assadeira. Leve ao forno preaquecido por aproximadamente 20 minutos.

Ingredientes do recheio

3 colheres de sopa de pasta de ricota
100 g de peito de peru
10 tomates-cereja picados
Orégano a gosto

Modo de preparo

Passe a pasta de ricota nos pães. Coloque uma fatia de peito de peru e tomates-cereja e salpique orégano.

Truta com especiarias

Ingredientes

1 filé de truta (aproximadamente 150 g)

½ colher (rasa) de café de noz-moscada

Pouco ou nenhum sal

2 ramos de salsinha

1 ramo de cebolinha

½ colher de café (rasa) de açafrão

½ colher de café (rasa) de pimenta branca

6 tomates *sweetgrape* picados

1 colher de sopa de vinagre balsâmico

Suco de ½ limão

Modo de preparo

Deixe o peixe numa mistura de limão, vinagre, noz-moscada, açafrão e pimenta branca por aproximadamente 20 minutos.

Depois, coloque em uma assadeira, cubra com a salsinha e a cebolinha picadas e por último, coloque os tomates.

Deixe assar até que a pele possa ser removida com facilidade – aproximadamente 20 minutos em fogo brando.

Remova os tomates e o cheiro-verde e recoloque-os após retirar a pele do peixe.

Este foi meu primeiro peixe da vida! Como já disse, ele ficou escondido embaixo do tomate! Hoje posso dizer com prazer: "gosto de peixe".
Aprendi a apreciar a culinária japonesa... vivendo e aprendendo!
Basta mantermos a mente aberta para novas possibilidades...

Waffle de frango

Fácil e rápido...

Ingredientes

3 *waffles* integrais prontos
200 g de peito de frango cozido e desfiado
½ tomate picado grande
½ cebola picada grande
Alho-poró desidratado a gosto
2 colheres de sopa de vinagre de alho
Pimenta caiena e sal a gosto

Modo de preparo

Em uma frigideira, refogue o tomate e a cebola. Deixe em fogo baixo. Acrescente o vinagre, o frango e os demais temperos. Deixe cozinhar até atingir a consistência desejada.

Coloque sobre os *waffles* e salpique com alho-poró.

Waffle proteico de mostarda

Esta massa não tem farinha. Gosto bastante dela para comer com meu frango ou carne desfiada.
Apenas com pasta de ricota fica muito bom também.

Ingredientes

½ batata-doce média cozida e amassada
100 ml de claras de ovos (4 claras)
2 ovos inteiros
50 g de *whey protein* sem sabor
1 colher de sopa (cheia) de mostarda picante sem açúcar
1 colher de sopa de azeite de oliva

Modo de preparo

Misture todos os ingredientes. A massa não pode ficar muito mole. Caso necessário, coloque um pouco mais de *whey protein* ou batata-doce.
Coloque na máquina de *waffle* e deixe assar.

Sobre o Livro
Formato: 17 x 24 cm
Mancha: 12 x 19,3 cm
Papel: Offset 90 g
nº páginas: 184
Tiragem: 3.000 exemplares
1ª edição: 2014

Este livro segue o novo Acordo Ortográfico da Língua Portuguesa

Equipe de Realização
Assistência editorial
Liris Tribuzzi

Assessoria editorial
Maria Apparecida F. M. Bussolotti

Edição de texto
Gerson Silva (Supervisão de revisão)
Elise Garcia, Gabriela Teixeira e Pérola Benitez (Preparação do original, copidesque e revisão)

Editoração eletrônica
Fabiana Lumi (Projeto gráfico de miolo e capa)
Évelin Kovaliauskas Custódia (Diagramação de capa e miolo)
Vanessa Dal (Diagramação de capa)
Neili Dal Rovere (Diagramação de miolo)

Fotografia
michelaubryphoto, sacura | Shutterstock e acervo pessoal (Fotos de capa)
Subbotina Anna, ruigsantos, smikeymikey1 | Shutterstock (Fotos de abertura)
Acervo pessoal (Fotos de miolo)

Impressão
Intergraf ind. Gráfica Eireli